“David Helm ha escrito

conciso que jamás haya

Matt Chandler, pastor principal de The Village Church,
Texas; presidente de Acts 29 Church Planting Network

“Si estuviera enseñando una clase de predicación y pudiera asignar a los estudiantes solo un libro, podría ser este. Es un hallazgo poco común que introduce en el tema al principiante e instruye al experimentado. La humildad de David me convence, me reprende, me instruye y me anima como predicador. Mi oración es que tenga el mismo efecto en ti”.

Mark Dever, pastor principal de Capitol Hill Baptist
Church; autor de *¿Qué es una iglesia sana?*

“Las habilidades de David Helm como predicador y su amplia experiencia como maestro de predicadores hace que cualquier cosa que diga acerca de este tema sea de gran valor. Pero le leo con la mayor de las apreciaciones por aquello que aparece con máxima claridad entre sus compromisos: ‘Permanecer en la línea, nunca elevándose por encima del texto de la Escritura para decir más de lo que esta dice, y nunca cayendo por debajo del texto reduciendo su fuerza o plenitud’. Aquí no hay solo habilidad y sabiduría, sino que también fidelidad, de la cual provienen los tesoros más auténticos de la predicación”.

Bryan Chapell, presidente emérito de Covenant Theological
Seminary; autor de *La predicación cristocéntrica*

“Helm nos ha dado un resumen forjado con precisión y totalmente convincente acerca de lo que hay que entender y hacer para predicar fielmente la Palabra. Este libro es importante”.

R. Kent Hughes, pastor principal emérito
de College Church, Wheaton, Illinois

"En este libro compacto, David Helm destila principios y reflexiones claves que han animado a muchos en los talleres de predicación de *Charles Simeon Trust*. He visto a hombres implicarse de nuevo con el duro trabajo de la preparación de predicaciones a medida que David enseñaba este material. Espero que este libro multiplique este mismo resultado".

Paul Rees, pastor principal de Charlotte Chapel, Edimburgo, Escocia

"Me encanta ver las respuestas sorprendidas de la gente cuando se enteran de que la predicación expositiva es la primera de las '9 Marcas de una Iglesia Sana'. Esta prioridad es afirmada y explicada en *La predicación expositiva*. David Helm plantea un desafío emocionante dejando el mensaje claro y preciso. ¡Espero que a Dios le plazca usar este libro para ayudarte a predicar fielmente para la salud de la iglesia y la gloria de Dios!".

H. B. Charles Jr., pastor de Shiloh Metropolitan Baptist Church, Jacksonville, Florida; autor de *1, 2 y 3 Juan para ti*

LA PREDICACIÓN EXPOSITIVA

IX 9Marcas EDIFICANDO IGLESIAS SANAS

LA PREDICACIÓN EXPOSITIVA
Cómo proclamar la Palabra de Dios hoy
David Helm

DISCIPULAR
Cómo ayudar a otros a seguir a Jesús
Mark Dever

EL EVANGELIO
Cómo la iglesia refleja la hermosura de Cristo
Ray Ortlund

LA EVANGELIZACIÓN
Cómo toda la iglesia habla de Jesús
J. Mack Stiles

LA MEMBRESÍA DE LA IGLESIA
Cómo sabe el mundo quién representa a Jesús
Jonathan Leeman

LA DISCIPLINA EN LA IGLESIA
Cómo protege la iglesia el nombre de Jesús
Jonathan Leeman

LOS ANCIANOS DE LA IGLESIA
Cómo pastorear al pueblo de Dios como Jesús
Jeramie Rinne

LAS MISIONES
Cómo la iglesia local se vuelve global
David Platt

LA CONVERSIÓN
Cómo Dios crea a Su pueblo
Michael Lawrence

TEOLOGÍA BÍBLICA
Cómo la iglesia enseña fielmente el evangelio
Nick Roark & Robert Cline

LA PREDICACIÓN EXPOSITIVA

DAVID HELM

La predicación expositiva:
Cómo proclamar la Palabra de Dios hoy
David Helm

Traducido del libro *Expostional Preaching: How We Speak God's Word Today* © 2014 por The Charles Simeon Trust. Publicado por Crossway, un ministerio editorial de Good News Publishers; Wheaton, Illinois 60187, U.S.A. Esta edición publicada por un acuerdo con Crossway.

Traducción: Jorge Eduardo Peña y Gustavo Morel
Revisión: Patricio Ledesma
Diseño de la carátula: Dual Identity Inc.
Imagen de la carátula: Wayne Brezinka para brezinkadesign.com

Poiema Publicaciones
info@poiema.co
www.poiema.co

Impreso en Colombia
ISBN: 978-1-944586-61-4
SDG

CONTENIDO

PRÓLOGO

ACERCA DE LA SERIE

¿Crees que es tu responsabilidad ayudar a edificar una iglesia sana? Si eres cristiano, creemos que lo es.

Jesús te ordena hacer discípulos (Mt 28:18-20). Judas nos exhorta a edificarnos sobre la fe (Jud 20-21). Pedro te llama a utilizar tus dones para servir a los demás (1P 4:10). Pablo te dice que compartas la verdad con amor para que tu iglesia madure (Ef 4:13, 15). ¿Ves de dónde lo estamos sacando?

Tanto si eres miembro de la iglesia o líder de ella, los libros de la serie *Edificando iglesias sanas* pretenden ayudarte a cumplir estos mandamientos bíblicos para que así juegues tu papel en la edificación de una iglesia sana. Dicho de otra manera, esperamos que estos libros te ayuden a crecer en amor por tu iglesia, tal y como Jesús la ama.

9Marcas planea producir un libro que sea corto y de agradable lectura acerca de cada una de las que Mark Dever ha llamado las nueve marcas de una iglesia sana y, un libro más, acerca de la sana doctrina. Consigue los libros acerca de la predicación expositiva, la teología bíblica, el evangelio, la conversión, la evangelización, la membresía de la iglesia, la disciplina eclesial, el discipulado y el crecimiento, y el liderazgo de la iglesia.

Las iglesias locales existen para mostrar a las naciones la gloria de Dios. Esto lo hacemos fijando nuestros ojos en el evangelio de Jesucristo, confiando en Él para salvación, y amándonos unos a otros con la santidad, la unidad y el amor de Dios. Es nuestra oración que el libro que tienes en tus manos sea de ayuda.

Con esperanza,
Mark Dever y *Jonathan Leeman*
Editores de la serie

INTRODUCCIÓN

LOS HUESOS VIEJOS

El cuerpo del gran hombre descansa en una cripta bajo el suelo de piedra de la *King's College Chapel* en Cambridge, Inglaterra, justo en el acceso oeste. El lugar tiene dos inscripciones: "CS", y el año en el que este hombre murió ("1836"). Ambas han sido grabadas en el pavimento de piedra y rellenadas con plomo. Si alguna vez tienes la oportunidad de estar de pie en ese lugar —como yo lo hice una vez con asombro— debes saber esto: los huesos viejos bajo tus pies pertenecen a uno que trajo de vuelta la Biblia al centro de la vida de la iglesia en Inglaterra.

Fue un triste día de noviembre de 1836, cuando no menos de 1.500 académicos asistieron al funeral de Charles Simeon. En números sin precedentes para aquella época, la gente vino a presentar su respeto a este pastor y predicador.[1] Charles Simeon fue un regalo, un regalo de Dios, para la gente de su generación. Simeon también es un regalo para nuestra generación. Sus instintos para el evangelio han aguantado la prueba del tiempo y pueden causar una fresca impresión en la predicación de nuestros días, pues la predicación de Simeon tenía mucho de lo que nuestra predicación carece.

¿Qué es lo que nos falta? ¿Cómo podemos beneficiarnos? Las respuestas son sorprendentemente simples y apuntan al corazón mismo de lo que se conoce como *la predicación expositiva*. En gran medida, la convicción de este gran hombre acerca de la Biblia era la fuente misma de su influencia. Simeon creía que una explicación de la Biblia sencilla y clara es lo que hace que una iglesia sea sana y feliz. La exposición bíblica lleva a cabo el pesado levantamiento que hace falta para edificar una iglesia. Esta permanente creencia nunca dejó a Simeon. Por cuarenta y cuatro años, y desde un único púlpito de un pueblo universitario, incansablemente se dio a sí mismo a la primacía de la predicación. Semana tras semana, año tras año y década tras década, permaneció en el púlpito y declaró la Palabra de Dios con claridad, simplicidad y poder. Simeon definió su convicción acerca de la exposición bíblica de la siguiente manera:

> Mi esfuerzo consiste en sacar de la Escritura lo que está ahí, y no meter lo que pienso que podría estar ahí. Tengo un gran celo en esta cabeza; nunca hablar más o menos de lo que creo que es la mente del Espíritu en el pasaje que estoy exponiendo.[2]

Simeon veía al predicador como alguien que tenía el deber de aferrarse al texto. Estaba comprometido a permanecer en la línea, no elevándose nunca por encima del texto de la Escritura para decir más de lo que esta decía y nunca cayendo por debajo del texto reduciendo su fuerza o plenitud.

Esta convicción —este maduro control— es frecuentemente olvidada hoy por aquellos que manejan la Palabra de Dios. Francamente, esta es la perdición de muchas de nuestras iglesias, incluso de las que son sanas doctrinalmente. Mucho de lo que pensamos que es predicación bíblica fiel en realidad yerra el blanco a causa de una falta de control. Y permíteme ser el primero en admitir que no siempre he ejercido el dominio para sacar solo aquello que se encuentra en la Escritura. Mi oración es que este pequeño libro, entre otras cosas, pueda ser usado por Dios para ayudar a explorar cómo los maestros y los predicadores de la Biblia pueden redescubrir esta convicción. Pero no solo es la convicción de Simeon la que vale la pena considerar. Los objetivos de Simeon en la predicación deben ser redescubiertos. Él enmarcó firmemente sus fines para la exposición bíblica de la siguiente forma:

Humillar al pecador;
exaltar al Salvador;
promover la santidad.[3]

No se puede decir más claro. Estos objetivos deberían guiarnos hoy. Nuestro mundo —como el de Simeon— necesita saber desesperadamente lo bajo que ha caído la humanidad, lo alto que Jesucristo ha ascendido, y lo que Dios requiere de Su pueblo. La mejor y única manera de ayudar a este mundo es proclamar las palabras de Dios en el poder del Espíritu. ¿Cómo lo hacemos? ¿A qué se asemeja?

Las respuestas se encuentran en la predicación expositiva. La predicación expositiva es la predicación poderosa que somete correctamente la forma y el énfasis del sermón a la forma y el énfasis del texto bíblico. De este modo, extrae del texto lo que el

Espíritu Santo puso allí —como dijo Simeon— y no pone en el texto lo que el predicador piensa que podría estar allí. El proceso es un poco más complejo. El resto de este libro trata acerca de esto.

Comenzaremos pensando acerca de los errores que tantos de nosotros cometemos, errores que resultan particularmente de nuestros intentos por contextualizar. Luego consideraremos los retos y las exigencias de hacer la exégesis de un texto, entender un texto a la luz del canon entero de la Biblia y, entonces, predicarlo a nuestro propio contexto.

Aunque este libro servirá adecuadamente como una introducción a la predicación expositiva, una de mis esperanzas es que para la persona que ya está predicando o enseñando la Biblia, sea una herramienta útil para examinar lo que está haciendo en el presente. Casi tiene la intención de ser una guía de "seguimiento", una manera de dar al lector la oportunidad de preguntarse a sí mismo: "Bien, ¿es esto lo que estoy haciendo? ¿Estoy realmente sacando solo aquello que está en la Escritura? ¿Lo estoy haciendo de modo que adecuadamente humille al oyente, exalte al Salvador y promueva la santidad en las vidas de los que están presentes?".

Las exigencias y los retos de la predicación expositiva son muchos. Y progresar en nuestra habilidad para manejar la Palabra de Dios con fidelidad no será fácil. Pero estoy seguro de esto: si los predicadores y los líderes de la iglesia de hoy permiten que la simplicidad de la convicción de Simeon y sus objetivos nos hablen desde la tumba, la salud y la felicidad de la iglesia pueden ser restauradas.

Así que empecemos.

1

LA CONTEXTUALIZACIÓN

La contextualización es esencial para una buena exposición. Y los manuscritos de sermones que tenemos de San Agustín llevan a algunos a sugerir que él lo hizo bastante bien.

> Así, cuando Agustín propuso ideas acerca de la sociedad que fueron tomadas directamente de los clásicos paganos, no deberíamos pensar que estaba haciendo esto en un esfuerzo consciente para impresionar a los paganos con su cultura o para atraerlos a la iglesia, citando sus autores favoritos. Lo hizo sin pensarlo, al igual que hoy decimos que la tierra es redonda... Presentó gran parte de lo que tenía que decir... como una cuestión de sentido común.[1]

Me encanta lo que la actitud de Agustín hacia la contextualización nos enseña acerca de su relación con la predicación. Su sorprendente habilidad para conectar con sus oyentes fue el resultado de su interés general en la vida; no fue un resultado calculado, conseguido al recolectar referencias culturales con la esperanza de terminar siendo relevante. Este capítulo abordará los problemas que surgen cuando este tipo de contextualización se apodera del predicador durante la preparación de su mensaje.

En la introducción, vimos una pequeña muestra de lo que debería ser la predicación expositiva. Es un esfuerzo para sacar de la Escritura lo que está ahí, para nunca meter en un texto lo que el Espíritu Santo no puso, y para hacer esto desde un texto determinado de manera que adecuadamente humille al oyente, exalte al Salvador, y promueva la santidad en la vida de los que están presentes. Aunque aún no hemos descrito cómo un sermón debería hacer todo esto, vale la pena tomarse el tiempo para considerar algunas formas comunes en las que nuestra predicación puede errar el blanco.

EL PROBLEMA DE LA ADHESIÓN CIEGA

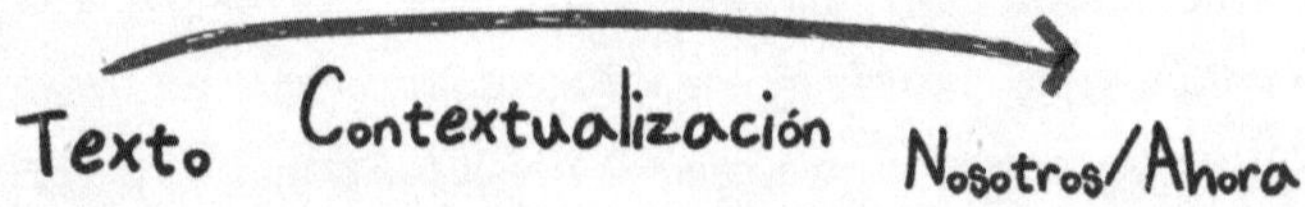

¿Qué quiero decir con la contextualización en la predicación?[2] En términos simples, la contextualización en la predicación es comunicar el mensaje del evangelio en formas que sean comprensibles o apropiadas en el contexto cultural del oyente. En otras palabras, la contextualización tiene que ver con *nosotros* y el *ahora*. Está comprometida con la relevancia y con la aplicación para hoy, motivo por el cual ofreceré un enfoque constructivo acerca del tema en el capítulo 4. Uno de los problemas con la predicación contextualizada hoy en día, sin embargo, es que a menudo tiene un énfasis fuera de lugar. Al elevar la contextualización a una disciplina estudiada excesivamente centrada en las ganancias prácticas, algunos predicadores tratan el texto bíblico de una manera descuidada y poco entusiasta. Este es el problema de la *adhesión ciega*. A partir de un sano deseo de hacer avanzar la misión de su iglesia, el predicador centra su preparación exclusivamente en formas creativas y artísticas que puedan hacer su sermón relevante.

Piensa en ello. Algunos predicadores pasan más tiempo leyendo y meditando en la situación contextual que en la Palabra de Dios. Nos sumergimos en sermonear acerca de nuestro mundo o ciudad en un esfuerzo por ser relevantes. Como resultado, nos conformamos con dar impresiones superficiales del texto. Nos olvidamos de que el texto bíblico *es* la palabra relevante, la cual merece nuestros mayores esfuerzos de meditación y explicación.

Para decirlo de otra manera, el predicador está destinado a errar el blanco de la exposición bíblica, cuando permite que el contexto que está tratando de ganar para Cristo controle la Palabra que habla de Cristo. Como dije en la introducción, esta es la ruina de muchas de nuestras iglesias. Demasiados de nosotros inconscientemente creemos que un entendimiento bien estudiado de nuestro contexto cultural —en lugar de la Biblia— es la clave para predicar con poder.

La adhesión ciega a la contextualización altera nuestra predicación en al menos tres formas, y ninguna de ellas es para mejor. En primer lugar, afecta nuestra perspectiva en el estudio (en la preparación de su sermón, el predicador se preocupa por el mundo en lugar de la Palabra de Dios). Esto lleva a la *predicación impresionista*. En segundo lugar, cambia nuestro uso del púlpito (la Palabra ahora apoya nuestros embriagantes planes y propósitos, en lugar de los de Dios). Esta es la *predicación ebria*. Por último, cambia nuestra comprensión de la autoridad (la lectura devocional "fresca" y "dirigida por el espíritu" del predicador se convierte en el aspecto determinante de la verdad). Yo llamo a esto la *predicación "inspirada"*.

Veamos cada una de ellas un poco más de cerca. Creo que vamos a encontrar que parte de lo que pensamos que es predicación expositiva en realidad yerra el blanco.

LA PREDICACIÓN IMPRESIONISTA

Alrededor de 1850, el estilo artístico dominante del momento era el *realismo*. Fue un movimiento que pretendía representar —lo más fielmente posible— lo que el artista había visto. Claude Monet y Pierre-August Renoir fueron dos jóvenes estudiantes entrenados en el realismo. Se habían hecho amigos y comenzaron a pintar juntos, al lado de varios otros. Esta generación más joven tendía a usar colores más brillantes que los usados por sus instructores realistas, y favorecía obras de la vida contemporánea sobre escenas históricas o mitológicas, dejando también atrás conscientemente el romanticismo de las generaciones anteriores.

El punto de inflexión que ayudó a estos jóvenes pintores a iniciar su autoidentificación como grupo llegó en el *Salon de Paris* (Exhibición de París) de 1863, una competición de arte. Tantas de sus obras fueron rechazadas por los jueces que más tarde se celebró un evento alternativo: el *Salon des Refusés* (Exhibición de los rechazados).[3] Durante los diez años siguientes, los jóvenes artistas solicitaron tener eventos alternativos para sus nuevos estilos de pintura, pero fueron sistemáticamente rechazados.

En 1873, Monet, Renoir, y varios otros formaron una cooperativa anónima de artistas para mostrar su trabajo de forma independiente. La primera exhibición pública de este nuevo grupo se produjo en abril de 1874 en París. Los estilos habían cambiado aun más. Renoir había empezado a experimentar alterando la realidad de lo que veía (un alejamiento distinto del realismo). Monet había empezado a pintar con pinceladas más sueltas. Esto daba una forma general de lo que veía en lugar de una imagen precisa, lo cual era todavía la preferencia de la generación anterior. Por ejemplo, su *Impresión, sol naciente* captura el puerto de *Le Havre* a la salida del sol. Reconociendo que no era una vista realista del puerto, agregó la palabra "impresión" al título cuando se le preguntó por el nombre de la obra. Este título fue utilizado después por un crítico para ridiculizar a estos artistas, llamándolos los "impresionistas".

Una de las innovaciones más atrevidas del grupo fue su uso de la luz. Por ejemplo, el *Baile en el Moulin de la Galette* de Renoir (1876) representa una fiesta en un jardín con un baile en el barrio parisino de Montmartre. En el cuadro, Renoir pinta con blanco en el suelo o encima de una chaqueta azul para indicar que el sol brillaba allí. La alteración de la luz comienza a exagerar los detalles y a distorsionar lo que en realidad veía el artista.

El método impresionista toma lo que el ojo ve y lo interpreta, lo exagera, ignora algunas partes, y al final lo distorsiona.

Ahora, piensa en lo que haces cuando te sientas a preparar un sermón. Abres tu Biblia. No tienes mucho tiempo. Es probable que tengas una reunión o dos esta noche. Es posible que tengas que guiar a alguna familia o a alguien del personal. Ciertamente tienes las manos llenas de trabajo pastoral. Sin embargo, tienes que decir algo el domingo. Así que empiezas a leer tu texto y a anotar cosas en tu ordenador, al igual que un artista interactúa con un lienzo; trazando conexiones rápidas, llenas de color entre la Palabra y lo que sabes del mundo.

Buscas cosas que sabes que tendrán una *impresión* inmediata sobre tus oyentes. Empiezas a disfrutar de esta diversión momentánea. No es un trabajo difícil. Pronto surge una idea principal. Contextualizas bien, ya que, al igual que tu congregación del domingo, no te apasionan mucho las cosas históricas. De hecho, tienes este trabajo, en parte, porque fueron impresionados por lo bien que produces mensajes que llaman la atención, desde el antiguo realismo de las escenas bíblicas, que de otra manera serían inaccesibles. Un estudio detallado del texto puede esperar.

El mensaje de esta semana —al igual que el de la semana pasada— se concentrará en las impresiones relevantes que saques del pasaje. Las aplicaciones parecen emerger como rayos de luz para que puedas esparcirlos sobre la congregación a todo color. Miras tu iPhone para ver la hora. Has estado trabajando por quince minutos.

Esta es la predicación impresionista.

Sucede a menudo. De hecho, puede ser el problema más importante que enfrentan los predicadores hoy. La predicación impresionista no es controlada por la realidad del texto. Ignora los contornos históricos, literarios y teológicos del texto. Pasa rozando —en cuestión de minutos— muchas de las herramientas exegéticas que requieren tiempo. Mientras que el pintor realista podría mirar a su objeto diez veces antes de dar una pincelada, el impresionista mira su texto una vez y da diez pinceladas en el lienzo de la experiencia humana. Así es, también, el predicador impresionista.

No hay duda de que la predicación impresionista es más fácil y rápida. Tiene más sentido, dada tu apretada agenda. Pero necesitas saber que, al final, estás haciendo lo que te da la gana con el texto.

Veamos un ejemplo. Imagina que tienes que preparar un mensaje para tu clase de "padres jóvenes". Decides hablar acerca de 1 Samuel 2:12-21. Tómate el tiempo para leerlo ahora:

> Los hijos de Elí eran hombres impíos, y no tenían conocimiento de Jehová. Y era costumbre de los sacerdotes con el pueblo, que cuando alguno ofrecía sacrificio, venía el criado del sacerdote mientras se cocía la carne, trayendo en su mano un garfio de tres dientes, y lo metía en el perol, en la olla, en el caldero o en la marmita; y todo lo que sacaba el garfio, el sacerdote lo tomaba para sí. De esta manera hacían con todo israelita que venía a Silo. Asimismo, antes de quemar la grosura, venía el criado del sacerdote, y decía al que sacrificaba: Da carne que asar para el sacerdote; porque no tomará de ti carne cocida, sino cruda. Y si el hombre le respondía: Quemen la grosura primero, y después toma tanto como quieras; él respondía: No, sino dámela ahora mismo; de otra manera yo la tomaré por la fuerza. Era, pues, muy grande delante de Jehová el pecado de los jóvenes; porque los hombres menospreciaban las ofrendas de Jehová. Y el

joven Samuel ministraba en la presencia de Jehová, vestido de un efod de lino. Y le hacía su madre una túnica pequeña y se la traía cada año, cuando subía con su marido para ofrecer el sacrificio acostumbrado. Y Elí bendijo a Elcana y a su mujer, diciendo: Jehová te dé hijos de esta mujer en lugar del que pidió a Jehová. Y se volvieron a su casa. Y visitó Jehová a Ana, y ella concibió, y dio a luz tres hijos y dos hijas. Y el joven Samuel crecía delante de Jehová.

En tu primera lectura del texto, hay tres cosas que destacan:

1. El texto te presenta dos grupos de padres e hijos: Elí y sus hijos sin valor, y Ana y su pequeño Samuel, quien sirve a Dios.
2. Estás impresionado con el contraste entre ellos. La historia de Elí es como un manual sobre la mala crianza, mientras que los patrones de Ana obtienen mejores resultados.
3. Llegas a dos puntos rápidos para tu mensaje. En primer lugar, los padres malos permiten a sus hijos comer demasiado, mientras que los padres buenos no lo hacen. ¡Qué repulsivo era para los hijos de Elí atiborrarse de ofrendas de sacrificio! En segundo lugar, los malos padres no aprovechan el entorno de la iglesia para animar a sus hijos hacia la piedad, mientras que los buenos padres siempre están presentes y disponibles. ¡Qué maravilloso era para Ana tener a Samuel en la iglesia, siempre que las puertas estuvieran abiertas!

Ya está. Tienes tu guion. Lo más importante, sabes que tu charla va a resonar en los padres jóvenes de tu congregación.

Después de todo, las noticias en tu ciudad están informando sobre el problema del acondicionamiento físico entre los niños locales y la legislación inminente para abordarlo. No te costará mucho contextualizar principios similares que apliquen a su bienestar espiritual también. Das tu charla. Lo siguiente que descubres es que se van a poner en marcha nuevos programas de niños a partir de este sermón. Se planifican retiros de fin de semana dedicados a cómo ser buenos padres. Es genial, porque la gente está hablando acerca de la crianza cristiana.

Esta clase de predicación impresionista está haciendo crecer iglesias. No es de extrañar que no pasemos tiempo trabajando en los sermones. No hace falta. Podemos hacer esto rápidamente y funciona. Es predicación casi improvisada. Una vez más, entonces, perdemos la riqueza de la Palabra de Dios. Perdemos de vista el mensaje principal del texto. Si lo leemos un par de veces más, podemos darnos cuenta de que la principal preocupación de 1 Samuel 2:12-21 no es la crianza en absoluto. Es la santidad de Dios. Así es, *el pasaje es acerca de Dios* y de cómo el mal liderazgo del pueblo de Dios es una burla de Dios mismo. El problema en el texto es que Dios no está siendo adorado apropiadamente. Y si seguimos cavando en el libro, nos daremos cuenta de que hay un tema de reemplazo aquí dentro de la familia de Dios. El texto presenta a Samuel precisamente en este punto, porque es la alternativa a los hijos de Elí para dirigir la adoración a Dios, de acuerdo con la Palabra de Dios. Dios no puede hacer Su obra porque Su Palabra ha sido destruida. Aun así, cuando la situación parece no tener solución, Dios levanta a otro hombre y sacerdote para liderar.

¿Significa esto que no podemos predicar acerca de la educación de los hijos a partir de este texto? No necesariamente. Pero sí significa que no debemos perder el mensaje principal del pasaje. Las posibles aplicaciones nunca deben eclipsar el mensaje principal del texto. Aunque podemos decir cosas ciertas basadas en este texto de la Biblia acerca de la crianza, deberíamos hacerlo de una manera que se someta respetuosamente al énfasis del texto. Esta es la diferencia. Este es el reto. Leemos estas historias y terminamos perdiendo lo que el Espíritu está enfatizando, mientras que reducimos la Palabra de Dios a nada más que principios para vivir en piedad. En el ejemplo de 1 Samuel, terminamos omitiendo por completo a Cristo como el reemplazo de un sacerdocio fracasado. Perdimos a Jesús por el impresionismo. Y en su lugar tenemos padres que están más comprometidos con el moralismo que con el mensaje cristiano.

Es importante indicar que la predicación impresionista no es *el* problema. Es un resultado natural de la *adhesión ciega a la contextualización* y de cómo tal adhesión monopoliza nuestro tiempo. Necesitamos recordar la convicción que controló a Charles Simeon en el estudio: sacar de la Escritura lo que está allí. Es fácil dejar que un enfoque impresionista domine tu estudio y preparación para la predicación. Especialmente, si eres intrínsecamente *cool* —a la moda—, o estás intentando serlo, este enfoque puede convertirse en la cocaína que consumes en privado. Y si has tenido un poco de éxito así, puede que empieces a creer que eres un expositor. Pero como veremos en los próximos capítulos, la exposición bíblica requiere un enfoque diferente en el estudio.

LA PREDICACIÓN EBRIA

Salgamos del estudio y pensemos en cómo usamos la Biblia en el púlpito. El poeta escocés Andrew Lang una vez propinó un golpe humorístico contra los políticos de sus días con una frase ingeniosa, acusándoles por su manipulación de las estadísticas.[4] Con una leve alteración del lenguaje, la ocurrencia bien podría decirse en contra de muchos maestros de la Biblia en la actualidad: "Algunos predicadores usan la Biblia de la manera que un borracho usa una farola... más para apoyo que para iluminación".

Este es el predicador ebrio. Supongo que no te tengo que decir que no deberías ser uno de ellos. No obstante, el hecho es que muchos de nosotros lo hemos sido y simplemente no lo sabíamos. Me explico. Aquellas semanas en las que hemos estado en el púlpito, apoyándonos en la Biblia para dar soporte a lo que queríamos decir, en lugar de decir solo lo que Dios quiso que la Biblia dijera, hemos sido como un hombre bebido que se apoya en una farola (usándola más para apoyo, que para iluminación). Una mejor postura para el predicador es quedarse justo debajo del texto bíblico. Porque es la Biblia —y no nosotros los que predicamos— la Palabra del Espíritu (*ver* Heb 3:7; Jn 6:63).

Con décadas de ministerio pastoral a mis espaldas, puedo pensar en miles de ocasiones en las que he sido el predicador ebrio. He ido a la Biblia para apuntalar aquello que pensaba que era necesario decir. La Escritura se convirtió en una herramienta útil para mí. Me ayudó a lograr lo que tenía en mente. En ocasiones, perdí de vista el hecho de que soy *yo* el que se supone que tiene que ser la herramienta (alguien a quien Dios usa para Sus propósitos divinos). Debo proclamar la luz que Él quiere derramar desde un texto en particular.

Lo que me sucedió en el pasado puede sucederle a cualquiera. Hay una amplia variedad de maneras en las que podemos usar la Biblia como un borracho usa una farola. Tal vez tengas posturas doctrinales muy fuertes, las cuales se convierten en el mensaje central de cada pasaje que predicas, sin importar lo que el texto esté diciendo. Quizá saques conclusiones políticas, sociales o terapéuticas, sin importar lo que el Espíritu tenía en mente en el texto. En esencia, nuestra tendencia a la predicación ebria, por encima de la predicación expositiva, deriva de una cosa: imponemos nuestras más profundas pasiones, planes y perspectivas sobre el texto bíblico. Cuando hacemos esto, la Biblia se convierte en poco más que un apoyo para lo que queremos decir.

Permíteme darte un ejemplo personal de cuán rápido puede suceder esto. Hace varios años, estaba predicando acerca de 2 Corintios. Cuando llegué a los capítulos 8 y 9, decidí pasarlos por alto (continuando a partir del capítulo 10). Mi razón para hacer tal cosa era simple. Quería reservar los capítulos 8 y 9 para un futuro próximo en la vida de nuestra iglesia. Esos capítulos tratan acerca del dinero, ¿verdad? Así que pensé: "Los ancianos vendrán a mí en algún momento y me pedirán que predique un sermón acerca de la mayordomía". En ese momento, nuestra iglesia iba bien financieramente. Tenía sentido guardar ese texto para una época en la que necesitáramos un estímulo financiero que nos mantuviera solventes. Así que salté los capítulos 8 y 9 (algo raro tratándose de mí, por ser un rígido predicador secuencial). El momento llegó. Fui a 2 Corintios 8 y 9 para preparar un sermón acerca de la importancia de dar con generosidad. Ahora bien, es importante que sepas que, aun antes de empezar con mi estudio, ya tenía una idea muy clara de lo que iba decir desde el púlpito. Iba a centrar todos mis comentarios en los tres versículos que resaltan al dador alegre:

> El que siembra escasamente, también segará escasamente; y el que siembra generosamente, generosamente también segará. Cada uno dé como propuso en su corazón: no con tristeza, ni por necesidad, porque Dios ama al dador alegre. Y poderoso es Dios para hacer que abunde en vosotros toda gracia, a fin de que, teniendo siempre en todas las cosas todo lo suficiente, abundéis para toda buena obra; como está escrito: *Repartió, dio a los pobres; Su justicia permanece para siempre.* (2Co 9:6-9)

Primero, empezaría con la actitud que Dios quiere que tengamos hacia el dinero. El versículo 6 dice que dar generosamente *es* cosechar generosamente. ¡Me gustaba comenzar con la actitud porque conectaba mi introducción con la aplicación de "dar"! Después de todo, el versículo 7 dice que Dios ama al dador alegre. La motivación para dar —Dios te dará de vuelta—, sería mi segundo punto. El versículo 8 dice: "Y poderoso es Dios para hacer que abunde en vosotros toda gracia". Al final, citaría un salmo que muestra el incentivo divino para la generosidad, pues el verso 9 parece indicar que Dios mismo distribuyó libremente. Mi esquema de tres puntos sería así:

1. *2 Corintios 9:6-7:* Da a Dios (esta es la actitud que Él quiere de nosotros).
2. *2 Corintios 9:8:* Obtén buenas cosas de Dios (esto apela a nuestra motivación).
3. *2 Corintios 9:9:* El dar es una manera de imitar a Dios (el Antiguo Testamento lo dice).

Aunque no había escuchado al texto por mucho tiempo, sabía que tenía un sermón que sería fácil de oír. Estaba encaminado a dar un mensaje muy práctico y conmovedor. Sabía lo que nuestra gente necesitaba y la Biblia respaldaba mi mensaje.

Entonces, algo interesante sucedió. Antes de que llegara el domingo, y antes de subir al púlpito para predicar, comencé a estudiar el trasfondo de aquellos capítulos. Lo que descubrí hizo tambalear el fundamento de todo lo que había planeado decir. De 1 Corintios 16:1-4 y Hechos 11:27-30, aprendí que mis versículos estaban relacionados con una hambruna y la necesidad de ciertas iglesias. Mi texto de dar con alegría no trataba acerca de dar con regularidad para el presupuesto de la iglesia local. Era sobre una colecta para aliviar una hambruna en unas iglesias llenas de judíos cristianos, en una parte diferente del mundo.

Por si esto no fuera suficientemente malo, encontré otras cosas también. De 2 Corintios 11:5 y 12:11, aprendí que la disputa principal de la carta era acerca de la aparente debilidad del ministerio de Pablo, en comparación con los superapóstoles, quienes poseían el tipo de poder que la congregación de Corinto respetaba. Pablo no tenía habilidades para hablar (11:6), llegó con humildad (11:7), siempre tenía necesidad (11:9), y no tenía recursos financieros (12:14-15). Este era el contexto de los capítulos dedicados a las ofrendas. Entonces, se me encendió la luz. ¡Esta ofrenda era una prueba! Si los corintios daban generosamente, se demostraría que se identificaban con la "debilidad" y que estaban dispuestos a suplir las necesidades de aquellos que eran débiles. Sin embargo, si daban escasamente para el fondo que aliviaría la hambruna, esto probaría que estaban alineados solamente con aquellos que lo tenían todo. ¡De repente me di cuenta de que estaba en un peligro real de entender mal todo el libro!

Entonces, todo encajó. Cuando miré el salmo citado en 2 Corintios 9:9 —el salmo que pensaba que nos enseñaba que dar generosamente significa imitar a Dios— encontré que lo que demuestra es que somos como el "hombre justo". El mensaje de Pablo no era que los corintios debían dar generosamente para imitar a Dios. En lugar de eso, dar generosamente es el distintivo común de aquellos que siguen a Dios.

En ese momento supe que tenía un problema. Aunque había diseñado un gran guion —basado en la Biblia— que lograría mi objetivo de mostrar la insuficiencia de nuestro presupuesto, simplemente me estaba apoyando en la Biblia al igual que un borracho usa una farola (más para apoyo que para iluminación).

Las únicas preguntas restantes que debía responder antes de subir al púlpito esa semana eran: ¿Quién será el rey? ¿Yo o el texto bíblico? ¿Reinaría yo sobre él esta semana, o él me gobernaría? ¿Me apoyaría en la Biblia para mis propósitos y planes, o me sometería a ella, permitiendo que la iluminación del Espíritu Santo hiciera Su obra con mi gente? En el análisis final, la convicción que permitió a Charles Simeon ejercer un control maduro en el púlpito, ganó ese día. "Tengo un gran celo en esta cabeza; nunca hablar más o menos de lo que creo que es la mente del Espíritu en el pasaje que estoy exponiendo".[5] Desde mi experiencia personal, puedo decir que mis propias luchas con la predicación ebria siempre están conectadas a una *adhesión ciega a la contextualización*. Y esto es lo que he aprendido: las necesidades de mi congregación, tal y como las percibe mi entendimiento contextualizado, nunca deberían convertirse en el poder que controla lo que digo en el púlpito. No somos libres para hacer lo que queramos con la Biblia. Ella es soberana. Ella debe ganar. Siempre.

Nuestro papel como predicadores y maestros de la Biblia es ponernos debajo de la luz iluminadora de las palabras que hace mucho fueron escritas por el Espíritu Santo. Nuestro trabajo es decir hoy lo que Dios dijo una vez y nada más. Porque al hacer esto, Él sigue hablando.

LA PREDICACIÓN "INSPIRADA"

Hemos visto dos consecuencias negativas que la adhesión ciega a la contextualización tiene para la exposición bíblica. En primer lugar, exploramos el impacto que este enfoque tiene en el predicador en su estudio. Este método de preparación puede conducir a la *predicación impresionista*. En segundo lugar, vimos cómo la contextualización ciega puede influenciar el uso de la Biblia por parte del predicador en el púlpito. Las presiones semanales para ser relevantes pueden dar lugar a la *predicación ebria*.

Ahora quiero llevar al predicador fuera de su estudio y fuera de su púlpito y ver cómo lee su Biblia en privado. Porque incluso aquí, las estrategias de lectura contemporáneas que adoptan las personas para sus "momentos de tranquilidad" pueden afectar la proclamación pública de la Palabra de Dios. De hecho, si combinas estas estrategias privadas de lectura con una adhesión ciega a la contextualización, obtienes lo que llamo la *predicación "inspirada"*.

Permíteme explicarlo. Por su autoría divina, la Biblia es y siempre será la autoritativa e inspirada Palabra de Dios. Sin embargo, tristemente —y a esto quiero llegar— los predicadores cada vez más consideran su lectura subjetiva del texto como inspirada. Cada vez más, a los maestros de la Biblia se les dice que cualquier cosa que conmueva su espíritu en lecturas bíblicas privadas debe ser lo que el *Espíritu de Dios* quiere que sea predicado en público.

Un ejemplo de este tipo de estrategia de lectura —conocida como *Lectio Divina*— tiene una larga historia. Esta práctica tradicional benedictina de interpretación bíblica tenía el objetivo de promover la comunión con Dios y —en menor medida— la familiarización con la Biblia. Esta estrategia favorece una visión de los textos bíblicos como "la Palabra viva", más que como palabras escritas que deben ser estudiadas. Las formas tradicionales de esta práctica incluyen cuatro pasos para la lectura privada de la Biblia: leer, meditar, orar y contemplar. Empiezas calmando tu corazón con una simple lectura del texto. Entonces meditas, tal vez en una sola palabra o frase del texto y, al hacerlo, evitas intencionadamente lo que podría considerarse un enfoque "analítico". En esencia, el objetivo aquí es esperar la iluminación del Espíritu para llegar a un significado. Esperas a que Jesús venga y te hable. Una vez que se da la palabra, te pones a orar. Después de todo, la oración es un diálogo con Dios. Dios habla a través de Su Palabra y la persona habla a través de la oración. Al final, esta oración se convierte en una oración contemplativa, y nos da la habilidad de comprender verdades teológicas más profundas.

Este método suena maravillosamente piadoso. De hecho, parece tener una sólida justificación bíblica: "Pero Dios nos las reveló a nosotros por el Espíritu; porque el Espíritu todo lo escudriña, aun lo profundo de Dios" (1Co 2:10). Dejando de lado por un momento lo que realmente Pablo estaba diciendo en este pasaje, la *Lectio Divina* aboga por un método espiritual en oposición a algo sistemáticamente estudioso. Sustituye la investigación por la intuición. Prefiere el ánimo y la emoción a un estudio metódico y razonado. Equipara tu espíritu al Espíritu Santo.

¡Y a la *adhesión ciega a la contextualización* esto le encanta! Lo que la gente hoy en día más desea es una "palabra fresca" de Dios, algo de Su Espíritu que nutra nuestras pobres vidas espirituales.

Aunque históricamente la *Lectio Divina* es una forma de interpretación católicorromana, ha tenido cierto resurgimiento en los últimos años, particularmente entre los protestantes evangélicos. E incluso donde no se practica por su nombre, se parece mucho a la forma en cómo muchos predicadores jóvenes son enseñados. Se les dice que lean la Biblia con devoción, en silencio, esperando que el Espíritu Santo hable. Pues puedes estar seguro de que lo que Dios ponga en nuestros corazones de un texto, en la tranquilidad del momento, Él lo utilizará también en las vidas de otros. Entonces, "¡predícalo! Debe ser inspirado".

Tomemos como ejemplo uno de esos maravillosos versos de calendario de cocina, Filipenses 4:13: "Todo lo puedo en Cristo que me fortalece". ¿Cómo abordamos este texto? Comenzamos a leerlo personalmente, como si Pablo lo hubiera escrito directamente a nosotros. Luego leemos "todo" como "cualquier cosa". Creemos que, por supuesto, este texto se refiere a cualquier cosa. Cuando nos enfrentamos a todo tipo de obstáculos, Dios nos da la fuerza para vencer. ¿Necesito un ascenso en el trabajo? Dios me da la fuerza. ¿Necesitamos un lanzamiento de tres puntos en los últimos veinte segundos para ganar el partido? Dios da la fuerza. ¡Qué inspiración! Es un verso perfecto para cualquiera de esos momentos en los que necesitamos tener éxito. Y dado que hemos entendido el texto de forma devocional, es tentador subir al púlpito y predicarlo de esa manera. El problema es que al cavar un poco más vemos que Pablo no está hablando de "cualquier cosa". Solo con leer unos pocos versos anteriores o posteriores, nos damos cuenta de que este versículo es parte de las palabras de Pablo sobre el sufrimiento en la cárcel. Está hablando de la supervivencia. No está hablando de ascensos y tiros ganadores, sino de soportar las dificultades para que el evangelio pueda avanzar (*ver* Fil 1:12). No se necesita mucho para deshacer nuestra casi inspirada lectura devocional. Solo hacen falta dos o tres versos. Este tipo de predicación "inspirada" es un juego peligroso. Es completamente subjetiva. Cuando detenemos el trabajo duro de entender las palabras que el Espíritu nos ha dado y trabajamos exclusivamente en la "mente del Espíritu", nos convertimos en la autoridad final sobre el significado. Empezamos a establecer "verdades" y "consejos" que no pueden ser ni probados ni apoyados bíblicamente. Podemos hacerlo por buenas razones, como nuestro sentido de la salud moral de nuestra gente o como un genuino deseo de renovar el mundo en el que vivimos. Pero, no obstante, comenzamos a funcionar fuera de la doctrina ortodoxa. Confundimos "así dice el Señor" con "así me ha dicho". Pedimos a nuestras congregaciones que confíen en nosotros en vez de confiar en la Palabra.

Ahora, tú y yo probablemente no estamos de acuerdo con esta teoría cuando se trata de la Biblia. Sin embargo —inconscientemente— a menudo trabajamos como si lo estuviéramos. ¿A qué se parece esto? Muchos predicadores —particularmente jóvenes predicadores— van al texto en primer lugar para su propia edificación o crecimiento espiritual. Esta práctica no es inherentemente mala, y la predicación devocional no es algo inherentemente malo. Todos deberíamos ser espiritualmente convencidos y conformados por y a la imagen de Cristo en el texto. El problema es que somos fácilmente tentados a saltar de cómo el Espíritu ejerce una impresión del texto en nosotros a cómo el Espíritu obra en nuestra congregación. Así, estamos ante algo muy similar a la predicación impresionista, pero vestido con piedad en vez de practicidad.

Solo para evitar confusiones, *no* estoy diciendo que el Espíritu no tenga ningún papel en la predicación expositiva. Afirmar esto sería un error terrible. Si bien es cierto que las personas se convierten y maduran a través de la predicación expositiva, la palabra del evangelio debe estar unida a la obra del Espíritu, para que pueda haber convicción de pecado, regeneración, arrepentimiento, fe y perseverancia a largo plazo. O dicho de otro modo: "Ni el que planta es algo, ni el que riega, sino Dios, que da el crecimiento" (1Co 3:7).

Resulta que esta "reciente" colaboración entre una lectura devocional de la Biblia y la predicación —y especialmente su apelación al deseo de la contextualización de ser espiritual— no es tan nueva como podríamos pensar. Una de sus versiones se desarrolló entre figuras teológicas como Karl Barth y el movimiento neo-ortodoxo en la primera parte del siglo XX. La alta crítica alemana había "probado" que el texto de la Biblia había sido corrompido, o al menos eso se pensaba. Y debido a que el texto había sido corrompido, los lectores de la Biblia no podían determinar la intención original del autor de una forma auténtica. Barth y el movimiento neo-ortodoxo tuvieron en general un alto concepto de las Escrituras, pero admitieron ciertos puntos de la alta crítica con respecto a la inspiración verbal. Así, en una iglesia neo-ortodoxa, la noción de responder a la Biblia diciendo: "Esta es la Palabra del Señor", ya no era sostenible. Más bien, el lector debía decir algo más parecido a: "Escucha hasta que la Palabra de Dios hable". La suposición era que lo único que nos queda es el Espíritu, por tanto, más nos valdría escuchar a alguien que lo haya oído.

Solo una generación más tarde, algunos dentro del evangelicalismo ya se están moviendo más allá de Barth hacia la predicación inspirada o guiada por el espíritu. Pero ¿somos confiables? Sin duda el Espíritu Santo es digno de confianza y puede —milagrosamente— implantar su intención en nosotros intuitivamente. Pero ¿nos absuelve esta posibilidad de hacer el duro trabajo de la exégesis? ¿Por qué el Espíritu se habría molestado en inspirar las Escrituras en primer lugar? ¿No es posible que el Espíritu obre tanto a través de la investigación como de la meditación? Al adoptar un enfoque tan subjetivo de la interpretación como la predicación "inspirada", ¿no estamos en riesgo de ignorar lo que Dios quiso decir con su Palabra favoreciendo lo que nosotros queremos predicar? ¿Estamos conformándonos al espíritu de este siglo —del que somos parte necesariamente— en lugar de a la profundidad de su Palabra?

RECAPITULANDO ANTES DE CONTINUAR

La adhesión ciega a la contextualización es un problema muy real para los predicadores. Nos tienta a buscar la relevancia sin crítica ni control, y esto da lugar a la mayor de las superficialidades cuando se trabaja el texto. En este capítulo hemos visto este problema desde tres ángulos. En primer lugar, exploramos lo que ocurre en el estudio del predicador cuando el contexto cultural dirige el sermón, en lugar de ser una fuente de información. Terminamos desplazando el realismo del texto bíblico por algo *impresionista,* en el mejor de los casos. En segundo lugar, una adhesión ciega a la contextualización a menudo nos hace errar el blanco de un uso adecuado de la Biblia en el púlpito. Muchos de nosotros sufrimos de una adicción a ser prácticos y a la noción de que podemos predeterminar lo que nuestra gente necesita oír. Cuando hacemos esto, bebemos del grifo de la *predicación ebria*. En tercer lugar, una adhesión ciega está conectada cada vez más a la práctica devocional privada del predicador. Los predicadores quieren algo "fresco" y "espiritual". Y luego nosotros hacemos pasar nuestros propios sentimientos espirituales o frescos como si fuesen el mensaje de Dios. Como resultado, la *predicación "inspirada"* desplaza a la predicación expositiva. Es acertado preguntar: ¿hay alguna forma sencilla de expresar cuándo nuestra tendencia hacia la contextualización termina yendo mal? Creo que sí.

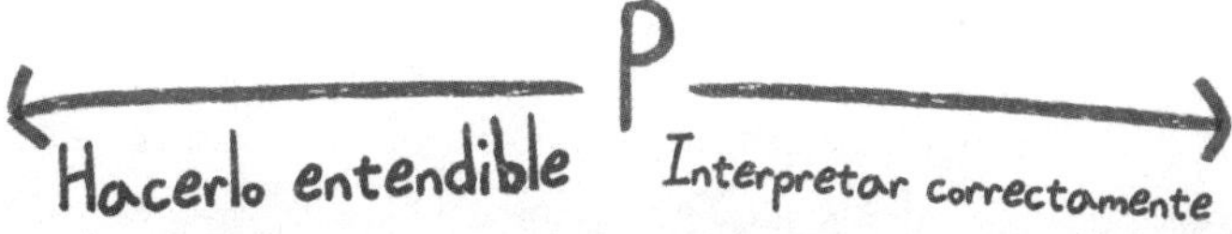

El lado derecho de esta ilustración muestra la responsabilidad del predicador con el contenido de la Palabra de Dios: *interpretar correctamente*. Esta es una parte esencial de nuestro trabajo. Todos queremos ser fieles. La Biblia nos da las palabras del Dios vivo. El lado izquierdo nos apunta en otra dirección en la que tenemos responsabilidad: *hacerlo entendible*. Esto también es esencial. ¿Quién de nosotros no quiere ser fructífero? El predicador se encuentra entre estas dos tareas cada semana. Ambas lo presionan, cada una exigiendo su tiempo y atención. Y muy a menudo, el predicador teme que no sea posible tener un compromiso total con una sin dejar a la otra atrás.

Como resultado, el predicador empieza a conversar consigo mismo de esta manera: "Si me muevo en la dirección de dedicar mi tiempo de preparación para *interpretar correctamente*, temo que pueda terminar siendo demasiado cerebral, demasiado intelectual, y perdería el impacto vital de *hacerlo entendible*. Después de todo, no puedo darme el lujo de ser conocido como un pastor de la Palabra si eso significa perder mi identidad como predicador lleno del Espíritu. ¿No tengo la responsabilidad de hablar al corazón, no solo a la mente? Mis mensajes deben mostrar credibilidad a nivel de la calle. Estoy cansado de los predicadores que solo piensan acerca de la conversión espiritual. Quiero decir, la ortodoxia es importante, pero si la contextualización no me guía en mi trabajo, nunca alcanzaré la ortopraxis. Sé que hablo de un texto pero, al fin y al cabo, estoy aquí para provocar un impacto hoy". Cada vez que este argumento surge en el corazón y en la mente de los llamados a predicar —esta sensación de que interpretar bien y hacerlo entendible son socios imposibles— puedes estar seguro de que la adhesión ciega a la contextualización está al acecho con la predicación impresionista, la ebria y la "inspirada" listas para tomar la iniciativa.

Por supuesto, los dos compromisos de interpretar bien y hacerlo entendible no son socios imposibles. Charles Simeon y todo predicador expositivo sólido que conozco encontraron un modo de mantener ambas cosas. Espero que los tres capítulos siguientes te muestren un enfoque para preparar sermones que te permita unirte a ellos en la labor fiel y fructífera de la exposición bíblica.

2

LA EXÉGESIS

Concluimos el capítulo 1 diciendo que es posible "interpretar correctamente el texto" *y* "hacerlo entendible". No tenemos que elegir entre una cosa o la otra. Se pueden hacer ambas, y bien hechas. Pero ¿cómo? ¿Cómo podemos preparar mensajes que sean a la vez fieles al texto y fructíferos para hoy? ¿Y cómo lo hacemos evitando nuestra tendencia hacia una adhesión ciega a la contextualización?

Hay una manera, y los buenos expositores parecen ponerla en práctica. Los tres capítulos siguientes exponen un proceso de tres partes —una mentalidad de trabajo— que sigue este curso: (1) la exégesis; (2) la reflexión teológica; y (3) las implicaciones para hoy.

LO PRIMERO ES LO PRIMERO

Toda predicación debe comenzar con la exégesis. Para decirlo de otra manera: la contextualización, la reflexión teológica, y los temas de actualidad hay que mantenerlos a raya (deberíamos estar comprometidos con un proceso de preparación que mantiene *primero lo primero*). Con esto quiero decir que un predicador fiel inicia el proceso de preparación del sermón prestando atención a la audiencia original del texto bíblico y a los propósitos del texto para aquellos lectores. Esta primera audiencia se convierte en la primera preocupación del predicador de tres maneras. De una u otra forma, el expositor:

1. Da al contexto bíblico —en lugar de a su propio contexto— el control sobre el significado del texto.
2. Escucha atentamente hasta que sabe cómo el texto encaja en el mensaje general del libro.
3. Observa la estructura y el énfasis del texto.

¿Te diste cuenta de que nada en la lista anterior se refiere a la contextualización? La contextualización es importante —como veremos en el capítulo 4— pero los buenos expositores bíblicos se entrenan para mantenerse a distancia de ese paso hasta una fase posterior del proceso.

La contextualización es una buena pareja de baile, pero nunca debemos permitirle llevar la iniciativa. Ponla antes de los pasos exegéticos en tu secuencia de preparación, y los problemas surgirán rápidamente. El problema es que muchos relegamos la exégesis en nuestra preparación, y vestimos el mensaje con un corto vestido rojo de contextualización centrándonos en la cultura y en nuestra habilidad para conectar con ella. Es como si quisiéramos agarrar la contextualización y hacerla dar vueltas en círculos, para mostrar sus largas piernas y tacones altos.

Para muchos de nosotros, entonces, nuestro mayor desafío será reorientar lo que debe tener el primer lugar. El primer paso hacia la predicación expositiva es tratar la contextualización como a tu pareja de baile. La diriges en el baile de la exposición. De la otra forma simplemente no va a funcionar. Todavía recuerdo dónde estaba sentado el día en el que entendí esta reorientación mental.

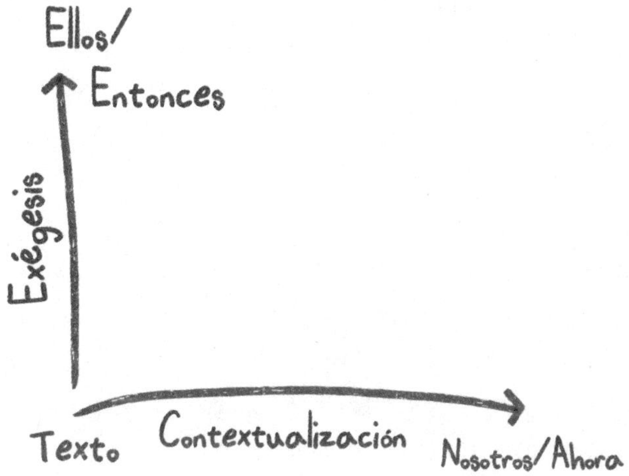

EL DÍA QUE ME DI CUENTA

Yo tenía veintinueve años cuando Steve Bickley —pastor y amigo— me presentó a Dick Lucas. Lucas ya se ha retirado como rector de *St. Helen's Bishopsgate Church* en Londres. Bickley hizo posible que Lucas pudiera pasar un día con los que estábamos en el equipo pastoral de *College Church* con Kent Hughes. Ese fue el día en el que me di cuenta —en el que todos nos dimos cuenta— de verdad.

Dios usó rápidamente a Lucas para desafiar nuestro enfoque convencional de la preparación del sermón. En dos horas que pasaron muy rápido, nos situó en el mundo de un pasaje muy familiar: 1 Corintios 13. Cuando terminó de poner a prueba nuestro conocimiento, nuestra preparación para la predicación había encontrado una nueva dirección. Había puesto nuestros pies en un camino mejor, el cual todavía me guía en el día de hoy.

Primeramente, Lucas nos pidió que mantuviéramos *lo primero en primer lugar*. Esto era más difícil de lo que me imaginaba. Siempre había oído que 1 Corintios 13 era "el capítulo del amor". Solamente había sido expuesto a este texto en las bodas. En esas ocasiones, el enfoque del predicador al texto —debido a la contextualización— era gobernado por el feliz evento que tenía lugar ante nosotros. Los días de boda se rigen por los temas de ánimo y celebración, y las homilías que había oído acerca del texto estaban envueltas con estos sentimientos. Para decirlo de otra manera, la audiencia que estaba en frente del predicador gobernaba el momento. No importaba la audiencia para la cual se escribió la carta originalmente.

En segundo lugar, Lucas nos condujo a un período de observación. Nos pidió que suspendiéramos el juicio por un momento en cuanto a lo que significaba el texto o cómo se podría aplicar para hoy, y en su lugar que consideráramos el capítulo en su *contexto literario inmediato*. Cuando lo hicimos, vimos que 1 Corintios 13 está ubicado entre dos capítulos que tratan acerca de los dones espirituales y, en particular, acerca de la relación entre los dones y la madurez espiritual (12:1, 4, 9, 28, 30, 31; 14:1, 37).

En tercer lugar, Lucas nos pidió buscar los términos *dones* y *madurez espiritual* en textos previos de la carta. Quiso que *escucháramos atentamente* hasta que supiéramos cómo nuestro texto encajaba en el mensaje general del libro. Eso nos llevó al 1:4-7, donde Pablo dice que los corintios son una iglesia con dones. De hecho, no les faltaba ningún don. Pero en el 3:1, Pablo arremete contra esta iglesia increíblemente llena de dones por ser espiritualmente inmadura. Hasta les llama bebés espirituales (vv. 1-2).

Empezamos a ver con claridad que algunos en Corinto se habían confundido en cuanto a la relación que existe entre los dones y la madurez. Habían empezado a pensar que ciertos dones —"lenguas" en este caso— les daban ventaja en madurez espiritual. Nuestras mentes comenzaron a acelerarse. ¿Qué estaba diciendo Pablo realmente sobre el amor en el capítulo 13? ¿Los estaba reprendiendo por su falta de amor? ¿Fue la primera intención del Espíritu para el "capítulo del amor" corregir en vez de animar (en la apariencia de sentimentalismo)?

En cuarto lugar, Lucas nos mostró cómo el contexto de todo el libro estaba vinculado con el vocabulario del capítulo 13; piensa en él: "[el amor] no se envanece". ¿Aparece este lenguaje antes en la carta? Así es, y el uso previo de Pablo no es halagador: "Y vosotros estáis envanecidos" (5:2).

Lucas entonces se detuvo y nos permitió que asimiláramos todo. Nos dimos cuenta de que este capítulo habría caído en la congregación de Corinto como una bomba. ¡Pablo estaba hablando acerca del amor precisamente porque era lo que a los corintios les faltaba! Podrían haber sido un grupo con dones, pero todavía eran bebés. Pablo quería que crecieran, que fuesen como él, un "hombre" caracterizado por el amor, lo cual para él era madurez.

Habíamos llegado a Corinto —con la primera audiencia— e irónicamente nos encontrábamos mejor preparados para predicar un mensaje relevante para la gente de Chicago. En mi caso, caí en cuenta justo allí en ese momento. Pude ver los componentes necesarios para cualquier predicador que tenga que hacer exégesis. Dios usó ese día poderosamente para reordenar nuestro enfoque de la preparación del sermón. Fue una experiencia que nos cambió. Nuestro apetito por la Palabra de Dios fue renovado y adquirimos un nuevo compromiso para lo que exigiría llegar a ser expositores del texto sagrado.

Cuando la audiencia original o primera se convierte en tu primera preocupación, ves las cosas de un modo diferente. Permíteme ilustrar esto con un telescopio. Los telescopios nos permiten ver lejos en el cielo. Galileo los hizo famosos usando uno para ver cráteres en la luna, así como los millones o aun billones de estrellas suspendidas en la galaxia de la Vía Láctea. La idea detrás de la invención es simple. Tomas dos lentes —uno mayor que el otro— y los conectas con un cilindro deslizable. El lente más grande es curvo, con la capacidad de magnificar la imagen. El lente más pequeño es solo un ocular que permite ver cosas distantes más de cerca. Mantén un telescopio correctamente y descubrirás cosas increíbles. Pero agarra el telescopio incorrectamente y el objeto a la vista de repente aparece distorsionado, pequeño y desenfocado. Se pierde la belleza y la forma del objeto.

El mismo principio se puede aplicar a tu proceso de preparación del sermón. Si quieres ser un buen expositor bíblico, necesitas disciplinarte para poner primero tu vista en los oyentes originales. Esto evitará que distorsiones la forma de tu texto y te ayudará a ver lo que el Espíritu Santo pretende para tu congregación.

Dicho esto, hay cosas que el ojo no puede llegar a percibir. No creo que pueda hacer el trabajo exegético por mi cuenta. Por ello, antes de sentarme a estudiar la Biblia, siempre oro. Aunque hay medios ordinarios de estudio, necesito la ayuda extraordinaria del Espíritu en el proceso. Y aunque voy a compartir algunas cosas prácticas que puedes hacer en tu estudio en las páginas siguientes, debes entender que estás a la merced del Espíritu Santo a la hora de entender el texto.

1. DA CONTROL AL CONTEXTO BÍBLICO

Al llegar al trabajo práctico, he encontrado útil pensar acerca del contexto de dos maneras diferentes: el *contexto literario* y el *contexto histórico*. Se trata de dos ideas relacionadas y que a menudo se solapan, pero vale la pena entender la diferencia. El *contexto histórico* se refiere a las circunstancias o a la situación que impulsó el texto. Esto puede exigirte tener que entender culturas antiguas. Puede que necesites fortalecer tu comprensión de la historia bíblica. O quizás tendrás que estudiar un libro entero en un esfuerzo por reconstruir la situación que enfrentaba la primera audiencia. El *contexto literario*, por otro lado, es simplemente el texto alrededor de tu texto. Considera la estrategia de redacción o edición del autor y plantea la pregunta de por qué ha organizado su libro como lo ha hecho. Los versículos o capítulos que preceden o siguen a un texto dan un flujo o una forma que nos ayuda a entender el significado del texto.[1]

Veamos un ejemplo de cómo el significado de un texto debería ser controlado por su contexto en lugar del nuestro. En 2 Corintios 6:14-15 leemos:

> No os unáis en yugo desigual con los incrédulos; porque ¿qué compañerismo tiene la justicia con la injusticia? ¿Y qué comunión la luz con las tinieblas? ¿Y qué concordia Cristo con Belial? ¿O qué parte el creyente con el incrédulo?

Hubo un día en el que prediqué un mensaje basado en este texto con la intención de ayudar a mi gente a pensar sobre asuntos relacionados con el matrimonio o la elección de socios en los negocios. De hecho, este es el verso que da lugar a cosas como las páginas amarillas cristianas.

El problema es que si cavamos un poco más profundo en el contexto histórico, veremos que el escritor no nos está hablando directamente a nosotros. Pablo había estado argumentando en contra de la afinidad de los corintios para proteger a maestros populares y orgullosos que llevaban a cabo su ministerio de una manera que evitaba la persecución a toda costa. Estos "superapóstoles" habían llevado a la gente lejos del evangelio y lejos de Pablo. ¡Y Pablo los quería de vuelta! Los quería unidos en un mismo yugo con él. Hablando históricamente, por tanto, nuestro enfoque de este texto debería ser controlado por la preocupación de Pablo en cuanto a nuestra unión con los falsos maestros. No tiene nada que ver en primer lugar con quién te casas o con quién te asocias en los negocios.

El contexto literario de estos versos confirma esto. En los versículos anteriores, Pablo dice a los corintios que su corazón ha estado abierto a ellos, incluso cuando sus corazones han estado cerrados. Él suplica: "Ensanchaos también vosotros" (6:13), un llamamiento a estar estrechamente unidos bajo un mismo yugo junto a él. Y él vuelve a esta súplica en los versos que siguen a nuestro pasaje: "Admitidnos" (7:2).

Conocer los contextos históricos y literarios puede cambiar todo para ti. Los buenos expositores bíblicos permiten que estos contextos controlen el significado del texto. Por tanto, lo primero que deberías hacer es comenzar a leer los versículos y los capítulos que están a ambos lados de tu texto. Empieza a preguntarte a ti mismo una serie diferente de preguntas. ¿Por qué está este pasaje aquí en este lugar? ¿Cómo encaja mi pasaje dentro de una sección más amplia? ¿Cuál es la situación que enfrenta la primera audiencia o —dependiendo del género— los primeros lectores?

2. ESCUCHA LA LÍNEA MELÓDICA

Al inicio de este capítulo mencioné que hay tres formas prácticas de mantener lo primero en primer lugar. Habiendo examinado la primera —dar control al contexto bíblico—, veamos la segunda: escuchar atentamente el texto hasta que sepamos cómo encaja en el mensaje general del libro.

Los mejores predicadores son normalmente los mejores oyentes. Empiezan su estudio con oídos atentos para escuchar. Si este es nuestro papel, entonces más vale que aprendamos a hacer exégesis con nuestros oídos, ¡además de con nuestra mente! Todo buen expositor que conozco hace exégesis escuchando las cosas únicas que Dios dice en el libro que está exponiendo. Hace años, Dick Lucas representó el principio de esta forma:

> Una línea melódica es una breve secuencia de notas que forman una porción distintiva de una canción. Puede ser parte de la melodía principal que se repite y varía. Los libros de la Biblia funcionan de la misma manera. Cada libro tiene una línea melódica, una esencia que informa acerca de lo que trata el libro. Y cada pasaje en el libro, entonces, servirá a esa línea melódica de algún modo. Así, en la predicación, podríamos preguntarnos: ¿cuál es la esencia de mi libro? ¿Y de qué forma mi pasaje en particular está informando al libro y cómo este está informando al pasaje?

La ventaja para los predicadores es esta: si sabemos de qué trata el libro entero, podemos manejar mejor cada pasaje individual. También hay un segundo beneficio importante. Si usamos la línea melódica en nuestra predicación, nuestra gente aprenderá poco a poco de qué trata el libro, incluso si no recuerdan sermones individuales.

Entonces, ¿cómo encontramos la línea melódica de un libro? Déjame decirte cómo lo hice cuando estudiaba en la secundaria. En varias ocasiones, tenía que leer un extenso libro o novela. Inevitablemente, mis profesores me informaban cuando se acercaba un examen. Y puesto que la biblioteca de la escuela no tenía las guías de estudio *CliffsNotes*, averigüé cómo encontrar el mensaje principal de un libro rápidamente. En primer lugar, buscaba un párrafo en alguna parte de la introducción que ofreciera algún tipo de tesis o declaración de propósito. Después leía el primer capítulo y el último. Finalmente, regresaba al índice y —basándome en lo que había leído— trataba de buscar las conexiones entre los títulos de los capítulos.

Usé intuitivamente diferentes estrategias para encontrar la esencia de un libro: leer el libro de *principio a fin*, leer y releer el *principio y el final*, buscar *palabras, conceptos y frases importantes que se repiten*, y cazar *declaraciones de propósito*.

Estas mismas herramientas pueden ayudarte a encontrar la línea melódica de un libro de la Biblia. Descubrí el beneficio de agregar este elemento a mi preparación del sermón hace unos años. Quise predicar a través del breve libro de Judas. Terminé predicando ocho mensajes, y disfruté de cada minuto. No obstante, conseguir la línea melódica requirió un verdadero esfuerzo.

De principio a fin

Mucho antes de comenzar la serie de Judas, incorporé la carta a mi plan privado de lectura leyéndola de principio a fin (¡no es difícil para un libro de tan solo 25 versículos!). Sugeriría hacer esto para cualquier libro que vayas a predicar. De hecho, siempre es bueno leerlo completo de una vez. El libro se hará familiar. Llegar a conocerlo en sus propios términos —escuchándolo con atención— generará grandes dividendos cuando lo prediques.

La lectura del principio y el final

Un compositor a menudo comenzará y terminará una pieza musical con una línea melódica, incluso si la desarrolla a lo largo de la pieza. Lo mismo es cierto para los libros de la Biblia. Cuando supe que iba a predicar sobre Judas, pasé tiempo leyendo y releyendo solo el principio y el final del libro. Un único sonido empezó a surgir: *ser guardados*. En el versículo 1, Judas dice que él escribe a los que están "guardados en Jesucristo". Y en el versículo 24, se refiere "a aquel que es poderoso para guardaros sin caída". En ese momento de mi preparación, me sentí listo para hacer una hipótesis provisional acerca del tema de Judas (*somos guardados por Dios para Cristo*).

Palabras, conceptos y frases repetidas

En este punto de la fase exegética, estaba listo para probar mi declaración provisional sintonizando mi oído con el contenido de la carta. ¿Desempeñaba la idea de *ser guardados por Dios para Cristo* un papel significativo en la estructuración del cuerpo de la carta? Encontré que sí. La misma palabra usada para *guardados* en el versículo 1 —de la cual *guardaros* en el versículo 24 es sinónimo— se repite cuatro veces más: dos veces en el versículo 6, una vez en el versículo 13 —traducida como "reservada"—, y otra vez como imperativo en el versículo 21. Si bien este descubrimiento fue emocionante, ¡el uso repetido de esta palabra desafió mi línea melódica inicial! A quienes son guardados para Jesús al principio y al final de Judas, se les dice en el cuerpo de la carta que deben mantenerse en el amor de Dios. Y esto está en contraste con los ángeles caídos y los falsos maestros, quienes no se guardaron a sí mismos, por lo que están siendo guardados en juicio. Si en ese momento alguien me hubiera preguntado de qué trata Judas, habría dicho: *aquellos que están siendo guardados por Dios para Jesús tienen la responsabilidad de mantenerse en el amor de Dios.*

La declaración de propósito

Finalmente, volví a leer la carta con la esperanza de oír una declaración de propósito.[2] No tomaría mucho tiempo encontrarla. Judas 3 me llamó la atención: "Amados, por la gran solicitud que tenía de escribiros acerca de nuestra común salvación, me ha sido necesario escribiros exhortándoos que *contendáis ardientemente por la fe* que ha sido una vez dada a los santos". Esta declaración me permitió oír la calidad tonal de Judas. Cualquiera que fuese la línea melódica, era necesario que contuviera un sentido de urgencia. ¡Nada menos que la salud y la santidad de la iglesia estaban en juego!

Judas no es un seco himno teológico que explora los temas de *ser guardados* y de *guardar* en términos de la relación entre la soberanía de Dios y la responsabilidad humana. No. Esta breve y potente carta es un fragmento de partitura apasionado. Mi línea melódica necesitaría ser afilada por tercera vez: *dado el peligro del momento, la salud y la santidad de la iglesia demandan que aquellos que están siendo guardados por Dios para Jesús contiendan por la fe manteniéndose a sí mismos en el amor de Dios.*

Ahora tenía una línea melódica. También había aprendido dos lecciones importantes durante esta parte de mi preparación. No solo predicaré mejor cada pasaje individual si sé cómo se relaciona con el mensaje general del libro, sino que cada estrategia de escucha empleada en esta parte del proceso exegético juega un papel importante en mi comprensión global. Una única herramienta para descubrir la línea melódica de un libro no será suficiente.

3. OBSERVA LA ESTRUCTURA Y EL ÉNFASIS

Además de dar control al contexto bíblico y escuchar la línea melódica, los expositores bíblicos hacen una cosa más durante la fase exegética de la preparación. Trabajan para entender la estructura esquelética del texto que van a predicar. Se preguntan: ¿Cómo ha organizado el autor este texto? ¿Qué revela la organización acerca del énfasis pretendido por el autor?

En *Cómo leer un libro*, Mortimer Adler observa:

> Cada libro tiene un esqueleto entre sus cubiertas. Tu trabajo como lector analítico es encontrarlo. Un libro te viene con carne en sus huesos y con ropa sobre su carne. Está completamente vestido... debes leer el libro con ojos de rayos X, ya que captar su estructura es una parte esencial de nuestra aprehensión de cualquier libro.[3]

Si Adler tiene razón, entonces no puedes comprender el mensaje de un texto hasta que no hayas comprendido su estructura esquelética. Dicho de otra manera, una buena exposición bíblica requiere que veas los huesos y la médula del texto bíblico por ti mismo.

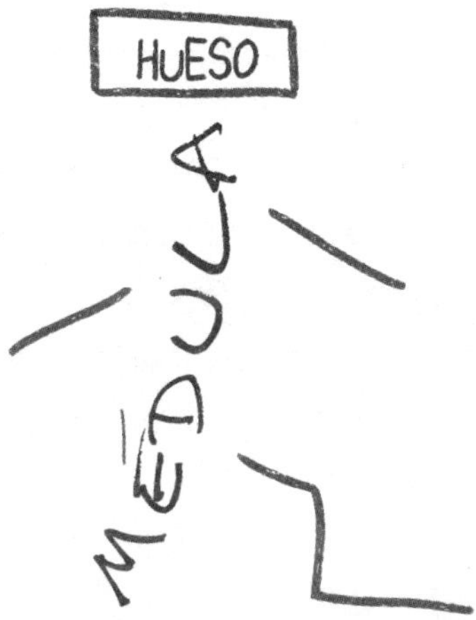

Y cuando se trata de la predicación, podemos decir incluso más: *Cada texto tiene una estructura. La estructura revela el énfasis. Mi sermón debería someterse correctamente a la forma y al énfasis del texto.*

Este aspecto de la exégesis nos lleva de vuelta a la definición de la predicación expositiva que di en la introducción: es la predicación poderosa que somete correctamente la forma y el énfasis del sermón a la forma y el énfasis de un texto bíblico.

Para la mayoría de nosotros, este es nuestro problema. Subimos al púlpito sin comprender la estructura esquelética del texto. Como resultado, no tenemos muy claro el significado del texto, y cuando nos bajamos del púlpito, nuestra gente no está en un mejor estado. Entonces, ¿cómo encontramos la estructura de un texto?

Usa estrategias de lectura que funcionen bien en cualquier lugar

Al tratar de encontrar la estructura de un texto bíblico, debes comenzar con estrategias simples que resulten útiles, independientemente de dónde estés en la Biblia.

En primer lugar, trabaja a partir de una traducción palabra por palabra del texto. Por supuesto, si puedes estudiar en las lenguas originales, esto te ayudará. Pero una traducción palabra por palabra —en lugar de una que va idea por idea— en general hace que las palabras individuales sean más consistentes, lo que debería hacer que los huesos sean más visibles. Dicho esto, ninguna traducción logra esto por completo. Puede que te resulte útil consultar varias traducciones. Ahora, comprende bien lo quiero decir. Estamos hablando de una preparación privada enfocada en la búsqueda de la estructura. Cuando se trata de la predicación, puede haber varias buenas razones para utilizar traducciones menos literales.

En segundo lugar, me ha resultado de ayuda hacer mi propia traducción del texto. El proceso me enlentece, pero empiezo a ver lo que el autor está haciendo, y cómo cada parte se relaciona con la unidad más amplia.

En tercer lugar, lee, relee, y lee el texto otra vez, lentamente y en voz alta. Cuanto más tiempo pases en el texto, mejor verás cómo funciona.

En cuarto lugar, a medida que lees, busca palabras, frases e ideas que se repitan. Si el objetivo es encontrar la estructura y el énfasis, las expresiones que se usan con frecuencia normalmente serán grandes pistas a la hora de ver el énfasis.

Debes entender qué tipo de literatura estás estudiando

Aunque algunas estrategias funcionan bien en toda la Biblia, el hecho es que no toda la literatura funciona de la misma manera. No tomarías un periódico y lo leerías con las mismas herramientas que usarías para leer un poema. No leerías una novela como leerías una receta. Y no deberías leer cada libro de la Biblia de la misma forma, tampoco.

La Biblia tiene diferentes géneros: narrativa del Antiguo Testamento, profecía, lenguaje apocalíptico, sabiduría y poesía, las Epístolas, los Evangelios y los Hechos. Dentro de estos diferentes géneros, tienes tres tipos básicos de textos: *el discurso, la narrativa y la poesía*. Como regla general, no descubrirás la estructura de un salmo —poesía— usando las mismas estrategias de lectura que emplearías en un Evangelio (muy probablemente una narrativa o un discurso).

Saber cómo funciona cada uno de los diferentes tipos de texto, te ayudará a saber qué herramientas los descifran mejor. Hablando en general, el *discurso* es material hablado. Es lógico y lineal. Lo encontramos con más prominencia en las Epístolas. También lo encontramos en los libros de historia del Antiguo

Testamento, en los discursos de los libros proféticos y apocalípticos, y en los sermones de los Evangelios y de los Hechos.

Para encontrar la estructura de un discurso, es útil escribir el texto en un trozo de papel sin los saltos de los párrafos o quitando los números de los versículos dados por los editores de nuestras biblias. Esto es lo que llamo sacar el texto de la Biblia. Todas las cosas importantes que hay que buscar están relacionadas con la gramática. Busca palabras o frases repetidas, palabras claves, palabras de transición, el flujo de las ideas, las relaciones gramaticales, las clases independientes y dependientes, si el texto está escrito en primera (*yo*), segunda (*tú*) o tercera persona (*él/ella*), si contiene preguntas, expresiones declarativas o imperativas, y características gramaticales similares.

Esto es lo que podríamos llamar *diagramación de frases*. Si utilizas estas herramientas correctamente, normalmente encontrarás la forma y el énfasis de tu pasaje.

Una *narrativa* es una historia, y las historias tienden a seguir una estructura bastante distintiva. Así, mientras centrarse en la gramática puede ser útil para una epístola, son *las escenas, la trama* y *los personajes* los que ayudarán al predicador a ver la estructura y el énfasis de una narrativa. Identificar diferentes escenas —donde la actividad en el texto cambia de ubicación, por ejemplo— será quizá el mejor punto de partida. Si tomas pasajes narrativos más largos para el texto de tu sermón, los cambios de escena revelarán un principio organizativo. En esas escenas —y en ocasiones a lo largo de escenas— tendrás que buscar las tramas. Las tramas suelen tener cinco partes:

- *El escenario*: El escenario incluirá normalmente el lugar, la época y una introducción a los personajes.
- *El conflicto*: El conflicto es la parte de la historia que proporciona tensión dramática y una sensación de que algo debe resolverse. Puede ser muy claro —como una amenaza violenta—, o puede ser muy sutil (como una confusión emocional).
- *El clímax*: El clímax es el punto de inflexión, donde se rompe la tensión dramática.
- *La resolución*: La resolución es el resultado del clímax, cómo se resuelve el conflicto.
- *El nuevo escenario*: El nuevo escenario es el regreso a un nuevo tipo de normalidad desde la cual surgirá el siguiente arco argumental.

Al tratar de identificar estas partes de la trama, las preguntas importantes que hay que hacerse son: ¿Cuál es el conflicto aquí? ¿Qué es lo que está proporcionando la tensión dramática? ¿Cuál es el punto de inflexión?

¿Cómo se resuelve la tensión? Yo diría que el énfasis se encuentra en alguna combinación del *clímax* y partes del *conflicto* y la *resolución*. Por supuesto, entender cómo el autor retrata a los personajes —la gente de la historia— también es importante. Observa qué protagonistas presenta el autor y cuándo. Fíjate en cómo cambian. Presta atención a cómo el autor pasa del uno al otro. Si tienes un buen entendimiento de la trama y de los personajes, tendrás una buena comprensión de la forma y el énfasis de la narrativa.

La *poesía* es un tercer tipo de texto. La mayor parte de la poesía en la Biblia está en la literatura sapiencial y en la literatura profética del Antiguo Testamento. Para encontrar la estructura, tendrás que considerar las repeticiones de palabras o incluso estrofas enteras (por ejemplo: los Salmos 42 y 43 se organizan en torno a la estrofa que comienza con "¿Por qué te abates, oh alma mía?"). También deberás tener en cuenta los cambios en las figuras y las estrategias gramaticales (como los cambios de énfasis en las personas o en los puntos de vista). Pero probablemente la estrategia más útil para encontrar la estructura y el énfasis en la poesía es ver cómo funciona el *paralelismo* en tu texto, particularmente la transición entre tipos de paralelismo en el texto. El *paralelismo* es el término técnico usado para describir una característica de la poesía hebrea, en la que las frases a menudo aparecen emparejadas —o a veces de tres en tres— y relacionadas o en correspondencia las unas con las otras de maneras específicas. Puede ser que la segunda línea repita la idea general de la primera, tal vez solo con una ligera amplificación. La segunda línea puede contradecir, negar, o hacer un contraste con la primera. O la segunda línea puede completar el pensamiento de la primera. Estas diferentes relaciones entre la primera y segunda línea indican diferentes clases de paralelismo. Ver los cambios en los paralelismos te ayudará a encontrar la forma y el énfasis de tu texto.

EL PELIGRO DE PENSAR QUE HAS TERMINADO

Conseguir un buen manejo de las estrategias generales y las estrategias específicas de cada género será un gran comienzo en la búsqueda de la estructura y el énfasis de tu texto. Y encontrar el contexto y el mensaje del libro son aspectos igualmente importantes de la exégesis. Recuerda, necesitas:

1. Dar al contexto bíblico —y no al tuyo propio— el control sobre el significado del texto.
2. Escuchar atentamente hasta que sepas cómo tu texto encaja en el mensaje general del libro.
3. Observar la estructura y el énfasis del texto.

Dicho esto, no creo que estés listo para predicar todavía. La exégesis no es suficiente. Hecha de forma aislada, la exégesis sola puede llevar a una predicación demasiado *intelectual* o meramente *imperativa*.

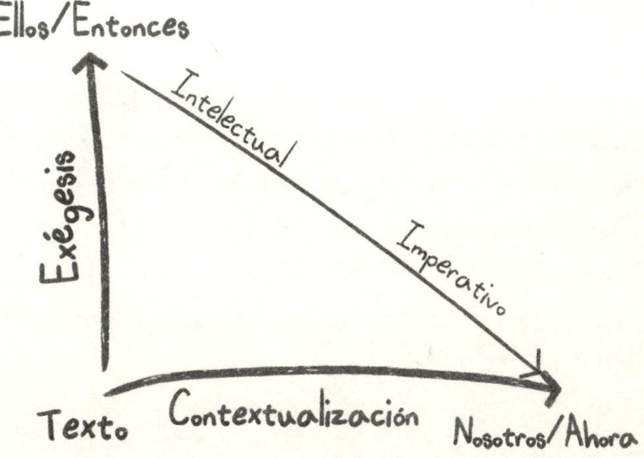

La predicación intelectual ocurre cuando conviertes a la primera audiencia en tu preocupación final. Es lo que pasa cuando tomas un texto profundamente relevante y lo haces irrelevante escribiendo sermones que parecen un comentario académico. Haces el trabajo de la exégesis, pero te detienes. Terminas con discursos aburridos, inefectivos y llenos de notas al pie de página.

Encuentro este tipo de predicación particularmente entre los predicadores jóvenes que cometen el error de pensar que el sermón es —como dice mi amigo Mike Bullmore— un contenedor de almacenamiento para meter todo lo que aprendieron acerca del texto esa semana. Bueno, no es eso. Simplemente tienes que evitar predicar sermones excesivamente intelectuales.

El otro inconveniente de la exégesis aislada es que nos convertimos en predicadores de *imperativos solamente*. La Biblia está llena de imperativos y son relevantes. Pero los imperativos sin un contexto bíblico y teológico adecuado también se pueden aplicar de maneras muy equivocadas. Tal vez la versión más peligrosa de esto es cuando descuidamos la etapa de reflexión teológica (que veremos en el próximo capítulo). Si no consideramos el contexto del evangelio de la Biblia en su conjunto, incluso los imperativos con buena exégesis se convierten en moralismo. Y esto fomenta una cultura legalista en nuestras iglesias.

Todo esto significa que vale la pena considerar la reflexión teológica, lo cual nos lleva al siguiente paso en la preparación del sermón.

3

LA REFLEXIÓN TEOLÓGICA

Como vimos al final del último capítulo, la predicación expositiva que se detiene con la exégesis se convierte en algo meramente intelectual o excesivamente imperativo. Se convierte en algo académico o moralista. La siguiente fase de la preparación del sermón sigue siendo necesaria: la reflexión teológica. Sin esto, aún no estás listo para predicar.

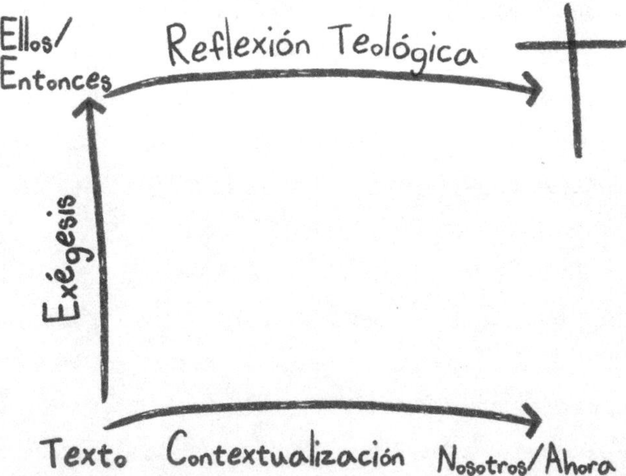

¿Qué es la reflexión teológica? En términos simples, es una disciplina rigurosa y llena de oración que implica tomarse el tiempo para meditar en mi texto y ver cómo se relaciona con el plan de redención de Dios. Es un ejercicio que plantea la pregunta de cómo mi pasaje se relaciona con la Biblia como un todo, especialmente con los actos salvíficos de Dios en Jesús.

LEYENDO CON LOS INSTINTOS DE JESÚS

Después de Su resurrección, Jesús se une de forma anónima a algunos de Sus discípulos en una caminata de once kilómetros con rumbo a un pequeño pueblo llamado Emaús. Mientras caminan, Él demuestra a estos discípulos cómo Moisés y todos los profetas —todas las Escrituras— tienen que ver con Él (Lc 24:25-27). Más tarde esa noche se une al resto de los once y lo hace de nuevo; les abre sus mentes para comprender las Escrituras, y para ver que lo que fue escrito acerca de Él en la ley de Moisés, en los profetas y en los Salmos debe cumplirse (vv. 44-45). También les dice a estos apóstoles que se convertirían en testigos y que tomarán este mensaje y lo predicarán a todo el mundo, comenzando por Jerusalén. El registro de esta proclamación se captura en los Evangelios, en el libro de los Hechos y en las Epístolas.

Hay un principio aquí en lo que Jesús dijo. Todo el Antiguo Testamento y todo el Nuevo Testamento tienen que ver con El y con cosas particulares acerca de Él. Los versículos 46-47 apuntan a cosas particulares: "Así está escrito, y así fue necesario que el Cristo padeciese, y resucitase de los muertos al tercer día; y que se predicase en Su nombre el arrepentimiento y el perdón de pecados en todas las naciones, comenzando desde Jerusalén" (*ver* "sufrimiento" y "gloria" en Lucas 24:26). Sin duda, hay mucha profundidad en esta breve frase. El gobierno implícito del Reino en la palabra "Mesías" y la inclusión de "todas las naciones" son ideas increíblemente ricas. No obstante, esta simple frase constituye el corazón del evangelio. El evangelio —al menos para Jesús— se encuentra en todas las partes de la Biblia. Es lo que mantiene a la Biblia unida, y debería instruirnos sobre cómo debemos acercarnos a ella.

LEYENDO CON LOS INSTINTOS DE PABLO

Es importante señalar que esta práctica de demostrar que Cristo está presente en todas las Escrituras no termina con Jesús. Pablo también es un modelo. En Hechos, leemos que "Pablo, como acostumbraba, fue a ellos, y por tres días de reposo *discutió* con ellos, *declarando y exponiendo* por medio de las Escrituras, que era necesario que el Cristo padeciese, y resucitase de los muertos; y que Jesús, a quien yo os anuncio, decía de Él, es el Cristo" (17:2-3). Los Hechos registran un lenguaje similar de Pablo en Atenas (17:17), Corinto (18:4), y Éfeso (18:19; 19:8).

La práctica de Pablo es consciente y rigurosa. Y como tal, nos enseña lo que se requiere de nosotros en nuestra lectura de la Biblia. En primer lugar, las habilidades para razonar, probar, y persuadir caracterizaban el enfoque de Pablo cuando predicaba a Cristo desde todas las Escrituras. Cada uno de estos términos tiene un rico trasfondo en la filosofía moral helenística y demuestra una práctica reflexiva rigurosa. En segundo lugar, Pablo empleó estas herramientas en diversos contextos (en la sinagoga y en el mercado, en la presencia de ambos judíos y griegos). No había atajos para una audiencia u otra. En tercer lugar, Pablo encontró maneras de predicar este mismo evangelio en lugares donde no podía asumirse ningún conocimiento bíblico. Hay una manera de predicar a las personas que carecen de un trasfondo y vocabulario bíblicos.

Pablo —como Jesús— creía que las Escrituras apuntaban a la muerte y resurrección de Jesús. Además, estos tres aspectos del ministerio de Pablo indican que la reflexión teológica es una tarea que requiere un duro trabajo.

LEYENDO CON LOS INSTINTOS DE SPURGEON

También puede ser de ayuda considerar a una figura más reciente cuyo enfoque de la lectura de la Biblia pone a Jesús en el centro. El gran predicador bautista —el Príncipe de los Predicadores— Charles Haddon Spurgeon capturó la idea de esta manera:

> ¿No sabe usted, joven, que desde cada pueblo y cada pequeña aldea de Inglaterra, donde quiera que esté, hay un camino a Londres? Así desde cada texto de la Escritura hay un camino a Cristo. Y mi querido hermano, su trabajo es, cuando llega a un texto, decir, ahora, ¿cuál es el camino a Cristo? Nunca he encontrado un texto que no haya tenido un camino a Cristo en él, y nunca haré ningún bien a menos que haya un aroma a Cristo en él.[1]

Spurgeon tiene los instintos correctos. Se pregunta, ¿cómo mi texto anticipa o se relaciona con el evangelio? Aunque no siempre habré estado de acuerdo con su manera de llegar al evangelio en sus sermones, desde los textos bíblicos que predicaba, su pregunta es la correcta. Y cómo la respondemos es increíblemente importante.

Aprender a reflexionar sobre tu texto específico en términos de Jesús y el evangelio requiere un conocimiento práctico de al menos tres disciplinas distintas e influyentes. No puedes hacer el viaje para convertirte en un expositor sin ellas: *el método histórico-crítico, la teología bíblica y la teología sistemática.*

EL DESAFÍO DEL MÉTODO HISTÓRICO-CRÍTICO

Si estás en un contexto académico como el mío, probablemente una luz roja comenzó a parpadear en tu mente tan pronto como leíste la palabra *teológica* en el primer párrafo de este capítulo. Y debería parpadear. Al fin y al cabo, la *teología* plantea el problema de la *historia*. La dificultad con el reto histórico es que a menudo no respetamos adecuadamente la parte exegética de nuestro trabajo. Caemos en una reflexión teológica demasiado simplista, y o bien predicamos un evangelio superficial añadido a nuestro texto o predicamos doctrina en lugar del texto. Estar en esta situación es malo y grave —al menos si predicamos así semanalmente— ya que desacopla el cristianismo de la historia.

Si nuestra predicación trata la situación histórica de nuestro pasaje del Antiguo Testamento como algo irrelevante y como un mero trampolín para el evangelio, entonces estamos enseñando que la Biblia no está realmente interesada en la historia. La historia se convierte en un contraste para el dogma teológico. En ese momento, solo estamos a una generación de tener una visión abstracta y espiritual de la resurrección, en lugar de tener la visión histórica.

Estamos a una generación de ver la Biblia como una mitología moral, más que como la Verdad. En otras palabras, es perfectamente posible que una nueva clase de predicadores evangélicos —a partir del objetivo de predicar a Cristo desde toda la Biblia— destruya el fundamento mismo de la predicación cristiana.

Esta preocupación histórica no es nueva. John Owen —cuando publicó por primera vez su *Teología Bíblica* en latín en 1661— planteó esta cuestión. Los tres primeros capítulos abordan la idea de la "teología" como algo que se superpone sobre el texto y sobre la historia de la Biblia. Esta preocupación permanece con nosotros hoy. Algunas escuelas académicas de teología notables —incluyendo una en mi barrio— todavía se niegan a llevar un *teólogo* a la facultad por esta razón. Uno de los críticos más claros y capaces en el deseo cristiano de leer todo a través de la lente de Jesús es James Barr, un erudito del Antiguo Testamento que escribió principalmente en la última mitad del siglo XX. Él ve la predicación cristiana —o centrada en Cristo— con escepticismo, ya que con frecuencia no permite que el Antiguo Testamento hable por sí mismo. Más bien, el cristianismo es importado, o impuesto sobre él (hasta tal punto que el Antiguo Testamento es silenciado). Según Barr: "Si el cristianismo es en realidad importado o impuesto [sobre el Antiguo Testamento], el efecto será en realidad reducir el valor del AT para el cristianismo y su influencia sobre él. Debería producir resultados cristianos pero no debería ser cristianizado. Pero ¿se puede hacer esto?".[2] Aun con lo escéptico que es, Barr todavía enmarca el conflicto como una pregunta. ¿Se puede hacer? ¿Pueden los pasajes del Antiguo Testamento ser predicados como textos cristianos sin socavar lo que significaron en su contexto original? La pregunta de Barr es importante.

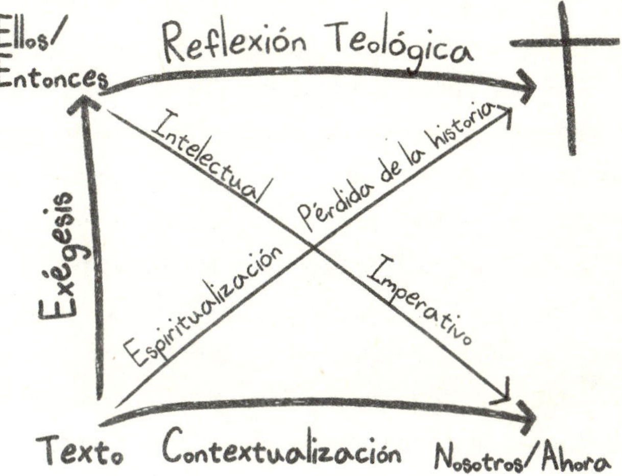

Solo puedo imaginar lo que Barr podría pensar del simplismo con el cual algunos predicadores cristianos abordan la visión de Dios en Habacuc 3. En ese capítulo, Dios aparece en luz brillante, vestido como un guerrero victorioso. Al descender a la tierra, Dios obra una salvación milagrosa para Su pueblo, que ha sido tiranizado por sus enemigos terrenales. Para el expositor que empieza —que tiene una *adhesión ciega a la predicación centrada en Cristo*— este texto se cumple en Jesús, quien obra una salvación poderosa para los pecadores. Pero Barr podría preguntar: "¿Qué derecho tienes, expositor cristiano, para declarar que lo que Dios prometió a Israel en relación a sus enemigos humanos en realidad se refiere a la victoria para todas las personas que están bajo el dominio de un adversario espiritual?" ¿Ha desechado el joven predicador la historia a favor de una fe *espiritualizada*? ¿Ha *perdido el contexto histórico* del texto?

Este ejemplo de Habacuc 3 nos trae de vuelta a la cuestión de si los predicadores pueden conectar pasajes del Antiguo Testamento con Cristo sin minar lo que significaba para la audiencia histórica original. ¿Hay un camino que siga el principio que Jesús enseñó en Lucas 24 —que todas las Escrituras se relacionan con el evangelio— pero que no pierda el contexto histórico del texto? Por supuesto, también podemos hacer esta pregunta en relación al Nuevo Testamento. Es muy fácil perderse en el contexto histórico del judaísmo del segundo templo o en los trasfondos grecorromanos y nunca hacerse la pregunta de cómo un pasaje realmente se relaciona con el evangelio. El desafío del método histórico-crítico tiene que ver con el *cómo*.

¿Cómo podemos reflexionar teológicamente sobre un texto bíblico, sin comprometer su integridad histórica? En primer lugar y sobre todo, esta cuestión de la reflexión teológica debe comenzar con la oración. Es decir, el "trabajo" de la reflexión teológica solo puede hacerse a través de la oración. Hay una íntima conexión entre la revelación de la identidad de Cristo —verle como el cumplimiento de las Escrituras— y los momentos de calmada oración.

Lucas hace esta conexión en algunas ocasiones. Cuando Pedro responde a la pregunta de Jesús: "¿Y vosotros, quién decís que soy?" con "el Cristo de Dios", a los lectores se les había dicho que Jesús estaba orando solo (Lc 9:18-20). En otras palabras, Lucas quiere que sus lectores sepan que Jesús fue revelado a Pedro en el contexto de la oración. La transfiguración, cuando Jesús fue revelado en Su gloria como el Hijo, el Elegido, tiene lugar después de que Jesús tomara a Pedro, Santiago y Juan para ir a la montaña y orar (Lc 9:28-36). Al comienzo del Evangelio, el anciano Simeón y Ana son identificadas como personas piadosas de oración; declaraciones que aparecen justo antes de que Dios les revele a Jesús (Lc 2:27, 37; *ver* Lc 2:28-32, 38). Aun cuando Dios revela la identidad de Jesús en Su bautismo, Lucas registra que los cielos se abrieron y que Dios habló, declarando a Jesús como Su Hijo. Lucas dice que los cielos se abrieron cuando Jesús estaba orando (Lc 3:21-22).

Lucas no pudo haber sido más claro: Dios revela a Jesús a la gente como consecuencia de la oración. Por tanto, si realmente queremos que Jesús sea revelado en nuestra predicación —si realmente queremos descubrir a Jesús como el mismo centro de todas las Escrituras— entonces tenemos que empezar con la oración en nuestra preparación. Solo entonces podremos comenzar una fase seria de reflexión teológica. Solo entonces podemos avanzar hacia el trabajo de la teología bíblica y de la teología sistemática.

LA UTILIDAD DE LA TEOLOGÍA BÍBLICA

La disciplina de la teología bíblica nos exige dar un paso atrás y mirar el panorama completo de lo que Dios ha dicho y hecho, y ver cómo todo se relaciona con el epicentro de Su revelación: la muerte y resurrección de Su Hijo. A veces, defino esta disciplina como una forma de leer la Biblia que sigue el desarrollo progresivo del plan de redención de Dios en Cristo.

La disciplina de la teología bíblica ofrece a los predicadores ciertos beneficios. Previene de la predicación que es meramente intelectual o moralista. Para poner esto positivamente, la teología bíblica te lleva —legítimamente— al corazón del evangelio cristiano desde textos particulares de la Biblia. Mantiene lo principal como lo principal.

Entonces, ¿cómo funciona la teología bíblica? ¿Cómo podemos utilizarla legítimamente en nuestra predicación expositiva? ¿Cómo podemos hacer uso de la teología bíblica en la preparación del sermón? Creo que hay tres cosas que debemos hacer:

1. Adquirir una teología bíblica.
2. Seguir la dirección del Nuevo Testamento.
3. Hacer buenas conexiones con el evangelio.

Adquiere una teología bíblica

No puedes usar lo que no tienes, por lo que el primer paso debe ser adquirir una teología bíblica. Y la mejor manera de conseguirla es leer la Biblia consistente y completamente. Nada te preparará mejor para hacer conexiones que tener un conocimiento profundo e interno de toda la Biblia. Adquiere el hábito de leer a través de las Escrituras con regularidad y en oración. Busca la línea melódica a medida que lees cada libro. Cuanto más tiempo pases mirando el panorama general, mejor lo comprenderás.

Hay también buenas fuentes secundarias de teología bíblica. Di mis primeros pasos con la *Teología Bíblica* de Geerhardus Vos, quien entendió que la Biblia funciona en términos de épocas (mosaica, profética y el Nuevo Testamento). Pasé de Vos a *Una historia de la obra de redención* de Jonathan Edwards. Edwards dividió la historia en tres períodos también: de la caída hasta la encarnación, de la encarnación hasta la resurrección y de la resurrección hasta el fin del mundo. Luego leí *Evangelio y Reino* de Graeme Goldsworthy, quien entiende el "Reino" como el tema dominante que mantiene la Biblia unida (recomiendo que empieces con Goldsworthy). Si quieres algo simplificado, lee *El gran panorama divino* de Vaughan Roberts. Si quieres algo todavía más simplificado —para el nivel de un niño de seis años— lee *Biblia ilustrada gigante*.

Por supuesto, a medida que vayas desarrollando más ampliamente tu propia teología bíblica, todavía tendrás que hacer conexiones en tu preparación semanal de sermones. Pero recuerda, debemos hacerlo de tal forma que respete la historia y la literatura de la Biblia. No es tan simple como hacer la pregunta, ¿dónde está Jesús en mi texto? Cristo no se esconde debajo de cada piedra o detrás de cada árbol. Tenemos que empezar con preguntas un poco más matizadas, como por ejemplo:

- ¿Cómo afecta el evangelio a mi entendimiento del texto?
- ¿Cómo mi texto anticipa o se relaciona con el evangelio?

No obstante, hacernos preguntas mejores no será suficiente para completar toda la tarea.

Sigue la dirección del Nuevo Testamento

Los primeros teólogos bíblicos —en el sentido de que unieron ambos testamentos— fueron los escritores del Nuevo Testamento. Difícilmente se puede pasar una página del Nuevo Testamento sin ver una referencia explícita a algo del Antiguo Testamento, por no mencionar las innumerables alusiones. Obviamente, esto es una gran ayuda para cualquiera que quiera involucrarse en la teología bíblica. El Nuevo Testamento se convierte en algo así como la mina de oro de los métodos de la teológica bíblica. Si tu texto se refiere a o conecta con otro texto —dentro del mismo testamento o especialmente a través de los testamentos—, entonces has comenzado bien. Un gran atajo que uso casi cada semana es un índice que viene con el Nuevo Testamento griego *Nestle-Aland, Edición 28*. Incluso si no lees griego, este índice es útil, ya que hace una lista de todas las alusiones y citas del Antiguo Testamento que hay en el Nuevo Testamento.

Anteriormente en este capítulo sugerí que la metodología de Pablo en Hechos apunta a la necesidad de la meditación y del rigor para conectar las Escrituras a la realidad histórica de la muerte y resurrección de Jesús. Pero creo que un rápido vistazo a su discurso en Atenas en Hechos 17:22-31 ofrece algunas ideas sobre cómo hacer tales conexiones. Aunque el discurso no expone un texto bíblico en particular, sí que revela la forma evangélica de la Biblia. Esta forma es particularmente evidente en cómo el sermón de Pablo sigue ciertas categorías teológicas.

La introducción

- Pablo convierte objetos icónicos culturales en una conversación acerca de Dios (vv. 22-23).

El cuerpo

- Pablo empieza por el principio, con Dios creando los cielos y la tierra (v. 24a).

- Revela que el problema universal de la humanidad es la idolatría (vv. 24b-25).
- Enfatiza la eternidad de Dios y Su deseo de estar en relación con nosotros (vv. 26-28).
- Proclama la culpabilidad humana y llama al arrepentimiento (vv. 29-30).

La conclusión

- Pablo apunta al Jesús resucitado como Aquel a quien pertenece nuestra lealtad (v. 31).
- Termina con Dios juzgando al mundo con justicia (v. 31).

A Pablo solo le hacen falta ocho versículos para cubrir desde Génesis hasta Apocalipsis. Se mueve sin mayor esfuerzo de principio a fin, desde la creación hasta la consumación; hablando de Dios como Creador, de la humanidad como caída, de Cristo como resucitado, quien volverá para juzgar en un día fijado en el cielo. Como tal, este sermón proporciona un modelo de cómo podemos predicar de forma efectiva, moviéndonos a través de la gran extensión de la historia bíblica en un espacio breve. Hay mucho que aprender de la práctica de Pablo, donde quiera que estemos en las Escrituras. Estas dos primeras formas de usar la teología bíblica en la preparación de nuestros sermones sientan una base importante. Necesitarás tener una teología bíblica, un entendimiento de toda la Biblia y de cómo encaja todo. También tendrás que entender cómo se relaciona el Nuevo Testamento con el Antiguo Testamento y cómo el Antiguo Testamento anticipa al Nuevo.

Pero —y esto es importante— necesitarás herramientas para hacer conexiones específicas, incluso cuando las citas del Nuevo Testamento no allanen el camino.

Haz buenas conexiones con el evangelio

Si lo que he sostenido en las últimas secciones es correcto, entonces el desafío es hacer buenas conexiones con el evangelio desde el texto que estás predicando. Aquí hay cuatro categorías de conexiones que creo que te ayudarán a entrar en la reflexión de la teológica bíblica:

- El cumplimiento profético
- La trayectoria histórica
- Los temas
- Las analogías

Hay que admitir que estas categorías se solapan de manera significativa. El cumplimiento profético puede ser a través de un tema o de una analogía. Una analogía puede hacer uso de un tema. Un tema puede incluir cierto sentido de trayectoria histórica. Puede haber otras categorías distintas. Lo importante no es la clasificación, sino la legitimidad. Estas categorías son solo un punto de partida.

Busca el cumplimiento profético

Probablemente las conexiones más claras son las realizadas de forma explícita. Sin duda, sabes que en ciertos momentos del Antiguo Testamento, Dios hace una promesa sobre el Mesías que ha de venir, y los escritores del Nuevo Testamento recogen estos momentos proféticos y muestran cómo se cumplieron en la identidad y la actividad de Cristo Jesús.

Uno de los ejemplos más sencillos del cumplimiento profético es el uso que Mateo hace de la palabra *cumplir*. En diez u once ocasiones en su Evangelio, Mateo irrumpe en la narrativa para observar que Jesús cumplió lo que uno u otro profeta del Antiguo Testamento había hablado. Desde la huida de Egipto hasta el uso de las parábolas por parte de Jesús (Mt 2:14-15; 13:35), gran parte de la vida de Cristo supuso el cumplimiento directo de la profecía del Antiguo Testamento. De hecho, Jesús mismo enfatiza esto de forma muy clara cerca del clímax del evangelio:

> ¿Acaso piensas que no puedo ahora orar a mi Padre, y que Él no me daría más de doce legiones de ángeles? ¿Pero cómo entonces se cumplirían las Escrituras, de que es necesario que así se haga? En aquella hora dijo Jesús a la gente: ¿Como contra un ladrón habéis salido con espadas y con palos para prenderme? Cada día me sentaba enseñando en el templo, y no me prendisteis. Mas todo esto sucede, para que se cumplan las Escrituras de los profetas. Entonces todos los discípulos, dejándole, huyeron. (Mt 26:53-56)

La estrategia de Mateo de trazar líneas rectas de cumplimiento profético entre el Antiguo Testamento y Jesús es lo suficientemente sencilla. Los Evangelios de Lucas y Juan también utilizan esta estrategia, la cual llega a ser parte del método apostólico para el ministerio en la iglesia primitiva. Por ejemplo, el sermón de Pedro en Hechos 3 incluye una apología importante: "Pero Dios ha cumplido así lo que había antes anunciado por boca de todos Sus profetas, que Su Cristo había de padecer" (Hch 3:18; *ver* 13:27). Santiago también usa esta estrategia cuando habla acerca de la justificación de Abraham por la fe (Stg 2:23).

Por supuesto, este método de conexión funciona a la inversa también. Puedes comenzar con el Antiguo Testamento y ver el cumplimiento explícito de las promesas en Cristo Jesús en el Nuevo Testamento. Por ejemplo, Moisés le dice a Israel que Dios levantará un profeta como él que traerá la Palabra de Dios; Pedro entonces nos dice que Jesús cumple esta promesa (Dt 18:15-22; Hch 3:22-26).

Busca la trayectoria histórica

Una segunda manera de conectar tu texto con el evangelio es buscar las progresiones históricas o las *trayectorias históricas*. Al igual que con el cumplimiento profético, buscar la trayectoria histórica de un texto depende de la idea de que Dios se revela a Sí mismo progresivamente, por lo que la historia de la redención posee una dirección o trayectoria que culmina en la cruz. Pero esta estrategia particular requiere que busquemos la trama histórica singular o el relato de la historia de la redención para marcar puntos cruciales.[3] Por ejemplo, podríamos resumir la historia redentora como: Creación → Caída → Redención → Nueva Creación. Un pasaje bíblico puede referirse a uno de estos temas de tal manera que podemos colocar nuestro pasaje dentro de la historia de la redención. Conectar un texto con el evangelio es tan sencillo como mostrar donde encaja dentro de este guion de la historia.

Este método es sencillo. Para dibujar un arco en un programa de ordenador, necesitas al menos tres puntos de referencia. Es cuestión de geometría. Del mismo modo, para dibujar una trayectoria histórica en la Biblia y ver cómo se relaciona con el evangelio, creo que necesitas tres puntos. Me parece que lo más fácil es tomar mi pasaje y marcar un punto anterior en la historia de la redención así como un punto posterior en la misma historia que conecte con mi pasaje. Esto me da tres puntos de referencia en la historia de la redención. A partir de aquí, tengo una trayectoria histórica que me muestra cómo mi texto se relaciona con el evangelio.

Por ejemplo, Eclesiastés 12:1-8 pone un fuerte énfasis en recordar al Creador. Lo mismo hace Romanos 1. Ambos pasajes apuntan a un punto específico en la historia redentora, desde el cual fluye el resto de la historia de la redención. Puedes retroceder en la Escritura a la creación real (Gn 1 - 2) o avanzar a la idea de la nueva creación (2Co 5:17); ambos son periodos de la historia de la redención que pueden conectarte con el centro de la redención. Esta forma de conectar textos es especialmente útil cuando tu pasaje tiene un contenido escatológico o un tono apocalíptico. La nueva creación misma incluye la plenitud del regreso de Cristo y todas sus implicaciones.

Busca los temas

Otra forma de conectar el conjunto de la Biblia con el evangelio es a través de los *temas* teológicos bíblicos. Dios se revela a Sí mismo progresivamente por ciertos temas, ideas centrales, a lo largo de la Escritura. Aunque generalmente reconocemos al menos un par de docenas, algunos de los temas más importantes incluyen el Reino, el pacto, el templo/sacerdote/sacrificio y el éxodo/exilio/reposo.

Es importante entender cómo funcionan los temas. Por ejemplo, aunque el éxodo es un evento histórico registrado en el libro de Éxodo, también introduce una idea repetida en toda la Escritura: Dios libera a Su pueblo de la esclavitud, a través de pruebas, hasta el lugar de su bendición. Cuando los profetas empiezan a describir el exilio y el regreso del exilio, lo describen como un "nuevo éxodo". Este tema del éxodo, entonces, encuentra su cumplimiento final en la muerte y resurrección de Cristo (*ver* Lc 9:30-31).

Recuerdo una ocasión, cuando estaba trabajando en Lucas 22:14-30. El tema del *Reino* parecía bastante obvio. Al fin y al cabo, la palabra aparece cuatro veces, y es un tema dominante en el resto de Lucas. Pero conforme iba leyendo, otro tema me llamó la atención: el pacto. Considera: "De igual manera, después que hubo cenado, tomó la copa, diciendo: Esta copa es el nuevo pacto en mi sangre" (v. 20).

El *pacto* aparece en Lucas solo dos veces, aquí y en 1:72. Así que empecé a trabajar a través de los diversos pactos que hay en la Escritura. Desde Noé a Abraham y hasta David, el *pacto* es un tema importante y abundante. Esta referencia en Lucas, por supuesto, fue más específica. Este no era cualquier pacto, sino un "nuevo pacto". El nuevo pacto también está conectado con la Última Cena en 1 Corintios 11:25, pero en realidad me llevó al primer uso de la frase en la Escritura, encontrado en Jeremías 31:31-34.

> He aquí que vienen días, dice Jehová, en los cuales haré nuevo pacto con la casa de Israel y con la casa de Judá. No como el pacto que hice con sus padres el día que tomé su mano para sacarlos de la tierra de Egipto; porque ellos invalidaron mi pacto, aunque fui Yo un marido para ellos, dice Jehová. Pero este es el pacto que haré con la casa de Israel después de aquellos días, dice Jehová: Daré mi ley en su mente, y la escribiré en su corazón; y Yo seré a ellos por Dios, y ellos me serán por pueblo. Y no enseñará más ninguno a su prójimo, ni ninguno a su hermano, diciendo: Conoce a Jehová; porque todos me conocerán, desde el más pequeño de ellos hasta el más grande, dice Jehová; porque perdonaré la maldad de ellos, y no me acordaré más de su pecado.

Entender la conexión del nuevo pacto con Jeremías 31 fue útil, ya que me llevó —por lo menos— a otras tres conexiones que ayudaron a mi predicación. En primer lugar, el énfasis que surge en Lucas tiene que ver con la ética del Reino. En Jeremías 31:34, Dios habla de la plenitud de aquellos que se benefician del nuevo pacto como el "más grande" y el "más pequeño". En Lucas, Jesús se refiere a este tema con frecuencia (*ver* 7:28 y 9:48; también aparece como el *último* y el *primero* o como una ética del Reino de ser humildes en 13:30; 14:11 y 17:7-10). Y en el mismo pasaje que estaba estudiando en Lucas 22, Jesús vincula los beneficios del nuevo pacto con la ética del discipulado como servicio; ser el menor y no el mayor (vv. 24-27).

La segunda conexión que mejoró el sermón estaba relacionada con la participación. Dios no solo estaba haciendo un pacto, sino que estaba asignando un Reino a través de un pacto. El lenguaje del pacto, y en particular el verbo "hacer" —en Jeremías 31:31-34— se relaciona con el verbo *asignar* en Lucas 22:29. "Pero vosotros sois los que habéis permanecido conmigo en mis pruebas. Yo, pues, os asigno un reino, como mi Padre me lo asignó a mí, para que comáis y bebáis a mi mesa en mi reino, y os sentéis en tronos juzgando a las doce tribus de Israel" (Lc 22:28-30).

En tercer lugar —como los discípulos— no tenemos que preocuparnos por ser el más grande (Lc 22:24). Jesús nos promete aspectos de Su gobierno en 22:30. Curiosamente, el contexto de Jeremías 31 se centra en un Israel unido, en el que las tribus son tratadas como una sola entidad que juzga al mundo entero (*ver* Jer 25:17-29).

Como resultado de hacer estas conexiones entre Lucas 22 y Jeremías 31 a través del tema del pacto, mi habilidad para predicar Lucas 22:14-30 fue enriquecida grandemente. El sermón no fue meramente sobre la mesa del Señor, sino que incluyó la ética de nuestras mesas de cocina. No solo se trataba de un pacto, cuando Dios consiguió nuestra salvación, sino que mostró un pacto en el que yo participo y ejerzo un gobierno.

Busca las analogías

Una de las estrategias más —y peor— usadas por los predicadores es la *analogía*. Por un lado, esta rama de la teología bíblica puede parecer intimidante, ya que requiere distinguir entre la analogía, la tipología, la alegoría, la metáfora y una variedad de otros términos técnicos. Por supuesto, te advertiría sobre el riesgo de enamorarte demasiado de los términos técnicos, ya que diferentes eruditos y predicadores los definen de diferentes maneras.

Es más, la realidad es que es fácil excederse. Una vez que te sientas cómodo con la jerga de, por ejemplo, la tipología, todo lo que veas se enmarcará en términos tipológicos y todo lo que prediques se comprimirá en un traje de tipología mal encajado, sin importar que sea tipología o no.

La analogía es una amplia categoría para comparar o contrastar dos cosas. Las buenas historias son reconocidas como tales, en parte, por su habilidad para adelantar las características o funciones de los protagonistas u objetos, que adquieren una gran importancia más adelante en la historia. Esto es lo que nos hace querer releer un libro o ver una película por segunda vez. Los detalles del principio —pasados por alto la primera vez— se vuelven importantes solo cuando la intención escondida del autor se revela finalmente. Como dice el proverbio: "Gloria de Dios es encubrir un asunto; pero honra del rey es escudriñarlo" (Pro 25:2). Parecería que Dios —en Su infinita sabiduría— dotó las vidas de ciertas personas, objetos y acontecimientos de la historia de Israel con un significado analógico que encuentra su cumplimiento en Cristo. Aprender a reconocer estas correspondencias en la Biblia es esencial para una buena exposición.

Estas correspondencias pueden ser amplias —en cuyos casos, simplemente las llamamos analogías— o pueden ser estrechas.

Cuando una persona, evento, institución u objeto en la Biblia anticipa algún aspecto de Jesucristo, llamamos a esto *tipología*. La tipología es profética y escala en significado.[4] Por ejemplo, si el rey David es un tipo de Cristo, entonces David —llamado el *tipo*— corresponde a Jesucristo —llamado el *antitipo*— a través del reinado, en el que el significado del reinado va escalando en sentido. Jesús es como David, pero Jesús es más grande que David.

Veamos un ejemplo. En mi iglesia, en el barrio de *Hyde Park* de Chicago, justo al lado de la Universidad de Chicago, predicamos a lo largo de todo el año académico. Ya que tenemos tantas personas que dejan de asistir durante el verano, tiene sentido que apartemos esa época para series de sermones especiales. Durante unos veranos decidimos predicar 1 y 2 Samuel, y tuve el privilegio de predicar —en mi opinión— sobre uno de los capítulos más oscuros de la Biblia: 1 Samuel 28. Fue al final del capítulo que la idea de la analogía realmente cobró vida para mí.

> Entonces Saúl cayó en tierra cuán grande era, y tuvo gran temor por las palabras de Samuel; y estaba sin fuerzas, porque todo aquel día y aquella noche no había comido pan. Entonces la mujer vino a Saúl, y viéndolo turbado en gran manera, le dijo: He aquí que tu sierva ha obedecido tu voz, y he arriesgado la vida, y he oído las palabras que tú me has dicho. Te ruego, pues, que tú también oigas la voz de tu sierva; pondré yo delante de ti un bocado de pan para que comas, a fin de que cobres fuerzas, y sigas tu camino. Y él respondió diciendo: No comeré. Pero porfiaron con él sus siervos

> juntamente con la mujer, y él les obedeció. Se levantó, pues, del suelo, y se sentó sobre una cama. Y aquella mujer tenía en su casa un ternero engordado, el cual mató luego; tomó harina y amasó, y coció de ella panes sin levadura. Y lo trajo delante de Saúl y de sus siervos; y después de haber comido se levantó, y se fueron aquella noche. (1S 28:20-25)

Saúl estaba en el final de su vida. La adivina de Endor había invocado el espíritu de Samuel, para que Samuel pudiera pronunciar el juicio de Dios sobre Saúl, como lo había hecho en el capítulo 15. Samuel dijo a Saúl que al día siguiente su vida terminaría. Entonces, Saúl, junto con sus siervos y la adivina, partieron el pan. Aunque reacio al principio, Saúl —desesperado por una palabra de Dios— finalmente obedeció la palabra de la adivina. Celebraron con pan sin levadura y un ternero engordado. Al día siguiente, Saúl se echó sobre su espada y murió.

La analogía es muy intrigante. Tenemos —por un lado— lo opuesto de una cena de Pascua. Saúl y sus hijos están ante una sentencia de muerte irreversible. Al mismo tiempo, tenemos un contraste notable con la Última Cena. Saúl se sentó a cenar con su pequeño grupo de seguidores en la noche antes de su muerte, tal y como lo haría Jesús más tarde con Sus discípulos. Juntos, partirían el pan. Entonces la analogía se hace evidente. Saúl es un tipo de Cristo (en realidad un tipo de anticristo). Esa noche en la vida de Saúl anticipaba —a modo de contraste— la noche en la que Jesús partió el pan con Sus discípulos, la noche justo antes de morir "en rescate por muchos". Algunos podrían apuntar a una conexión tipológica entre Saúl y Cristo. Otros podrían argumentar que hay un tema o tipología de la Pascua aquí. Sea como sea que categorices las correspondencias, la analogía entre las dos situaciones permite que entendamos con mucha más profundidad 1 Samuel 28 y cómo al final todo se revierte en el glorioso sacrificio de Jesucristo.

Con estas herramientas en la mano, espero que veas cuán poderosa es la teología bíblica para predicar a Cristo en todas las Escrituras. Recuerda, hay tres cosas importantes que debes hacer para usar la teología bíblica. Primero, adquiere una teología bíblica para usarla como fundamento. Segundo —siempre que puedas—, sigue la dirección del Nuevo Testamento en la interpretación de pasajes del Antiguo Testamento. Y, tercero, empieza a utilizar las cuatro herramientas citadas para hacer buenas conexiones con el evangelio.

EL PAPEL DE LA TEOLOGÍA SISTEMÁTICA

La teología bíblica es un gran punto de partida para la reflexión teológica. Y si desarrollas tus habilidades teológicas bíblicas para predicar —adquiriendo amplia experiencia— pasarás la mayor parte del camino en esta fase de la preparación. Al mismo tiempo, hay otra rama de la teología que tiene un papel que desempeñar en la reflexión teológica: la teología sistemática.

Si la teología bíblica te ayuda a discernir el desarrollo progresivo del plan de redención de Dios en Cristo, entonces la teología sistemática te ayuda a sintetizar todo lo que la Biblia dice en forma de doctrinas. Organiza la Escritura de manera lógica y jerárquica, no de forma histórica o cronológica (como lo harías en la teología bíblica). D. A. Carson define la teología sistemática como "la rama de la teología que busca elaborar el conjunto y las partes de la Escritura, demostrando sus conexiones lógicas (más que las meramente históricas)".[5]

Al mismo tiempo, creo que la precaución es importante. Aunque abogo por el papel de lo sistemático en la predicación, hay una diferencia entre esto y los sistemas de enseñanza. Simeon lo dijo de esta manera: "Dios no ha revelado Su verdad en un sistema; la Biblia no tiene un sistema como tal". El resultado de esta convicción, entonces, es simple: "Deja a un lado el sistema y vuela hacia la Biblia; recibe sus palabras con simple sumisión, y sin mirar a ningún sistema. Sean cristianos bíblicos, no cristianos de sistemas".[6] Simeon tiene razón. No deberíamos ser predicadores de sistemas. No obstante, incorporar la teología sistemática en tu reflexión teológica tiene tres beneficios prácticos.

1. Te mantiene en la fe.
2. Te ayuda a conectar con el evangelio desde géneros particulares.
3. Perfecciona tu habilidad para hablar a no cristianos.

Te mantiene en la fe

Un gran beneficio de reflexionar sobre la teología sistemática en la preparación de tu sermón es que proporciona una restricción. Te mantiene en la ortodoxia. Cuando hagas tu exégesis, inevitablemente llegarás a pasajes difíciles, lo cual te obligará a tomar decisiones exegéticas difíciles. Y dado que ninguno de nosotros es perfecto, cometeremos errores. Cuando empieces a luchar con estas conclusiones difíciles relacionadas con tu texto, la sana doctrina será una guía.

Por ejemplo, una exégesis superficial de Santiago 2:14-26 puede llevarte a la conclusión de que Santiago socava la doctrina de Pablo de "la salvación por la fe sola". Al someter tu trabajo en ese pasaje a la reflexión teológica sistemática, tendrás que luchar para entender cómo la articulación de la salvación de Pablo funciona *con* y no *en contra de* lo que dice Santiago. E incluso si no resuelves todos tus problemas, por lo menos estarás lidiando con cómo la Escritura ayuda a interpretar la Escritura, en lugar de enfrentar inconscientemente la Escritura contra la Escritura, y, al hacerlo, negar un entendimiento ortodoxo de la inerrancia de la Biblia.

Te ayuda a conectar con el evangelio desde géneros particulares

El hecho es que a veces es más difícil usar la teología bíblica en ciertos géneros. La naturaleza de la teología bíblica —una inmensa historia— conecta bien con géneros en los que la narrativa es la forma principal del texto. Al mismo tiempo, la poesía del Antiguo Testamento puede no darte una ventana legítima para entrar en la gran historia de la Biblia de la manera que esperarías. Las Epístolas del Nuevo Testamento —que contienen argumentos lógicos— también pueden ser difíciles de conectar a través de la teología bíblica.

Los géneros que tienen mucho discurso o poesía pueden, sin embargo, ser conectados más fácilmente con el evangelio a través de la teología sistemática. Estos géneros tienden a abordar con más frecuencia conceptos fundamentales como la fe, la gracia, la justificación, el pecado, y otros similares. Así que cuando un salmo habla sobre el arrepentimiento del pecado, o Pablo habla acerca de la fe y las obras, tenemos una ventana legítima para entrar en el concepto teológico del evangelio.

Perfecciona tu habilidad para hablar a no cristianos

Me imagino que la mayoría de los no cristianos que entran en nuestras iglesias no son como el etíope eunuco (fuerte y sinceramente deseosos de comprender mejor Isaías). Más bien, apostaría que son más propensos a hacer preguntas sobre el problema del mal, Dios, la culpa, la redención, y cosas así. Las respuestas a estas preguntas fluyen de categorías sistemáticas. Por tanto, conectar legítimamente tu texto con la teología sistemática durante el curso de tu sermón puede ser en realidad la mejor manera de acercar a un no cristiano a la Palabra de Dios. Por ejemplo, supongamos que un no cristiano está escuchando tu sermón y tiene preguntas acerca de la noción del "pecado" en tu texto. Una manera útil de instruir sobre el pecado podría ser mirar a esta categoría sistemática y darnos cuenta de que hay tres grandes metáforas para el pecado: el peso, la deuda, y la mancha. Entonces, aunque tu oyente no entienda inicialmente la idea del "pecado" —tal y como está allí en tu pasaje particular—, podrías incorporar la doctrina más amplia del pecado en tu sermón de una manera que le ayude.

UN PASO MÁS

En este capítulo, hemos cubierto mucho terreno. Espero que veas el valor de no ir directamente de la exégesis a la aplicación, o incluso quedarte solo con la exégesis. Más bien, espero que veas el valor de pasar tiempo reflexionando sobre cómo el mensaje principal de tu texto puede llevarte al evangelio. Un entendimiento correcto del método histórico-crítico y las herramientas de la teología bíblica y de la teología sistemática te llevarán hacia adelante en tu trabajo. Pero, por supuesto, no hemos terminado todavía. Los retos y las exigencias de *hoy* todavía nos esperan.

4

HOY

La fase final de la preparación del sermón nos lleva al día de *hoy*. Llegamos, por fin, al presente. Detrás de nosotros quedan las colinas del texto antiguo y el trabajo exegético que hicimos en "ellos y entonces". La línea distante de la reflexión teológica también está allí, completa con su énfasis en la plenitud de los tiempos en Cristo Jesús, Su muerte y Su resurrección. Y justo ante nosotros está el destino: *hoy*. El nosotros y el ahora. La iglesia. El pueblo de Dios, y aquellos que, a través de la predicación de la Palabra, han de convertirse en los suyos.

Hasta esta altura del camino hemos mantenido intencionadamente la contextualización a raya. Lo hemos hecho por su tendencia a dominar nuestro trabajo (lo que llamamos un problema de *adhesión ciega*). Pero con la labor bíblica y exegética completada, estamos listos para permitir que la contextualización ocupe su legítimo y necesario lugar en la mesa. Aunque un ministerio evangélico sano siempre es guiado por el texto, debe ser informado por el contexto. La contextualización debería informarnos sobre cómo predicar la Palabra de Dios hoy en tres líneas:

- La composición de tu audiencia
- La organización de tu material
- La aplicación de tu mensaje

Puede ser de ayuda pensar en esta fase final como una *síntesis*. La palabra *síntesis* viene del griego antiguo y conlleva la idea de colocar juntos dos o más elementos distintos y así formen un conjunto nuevo y coherente.

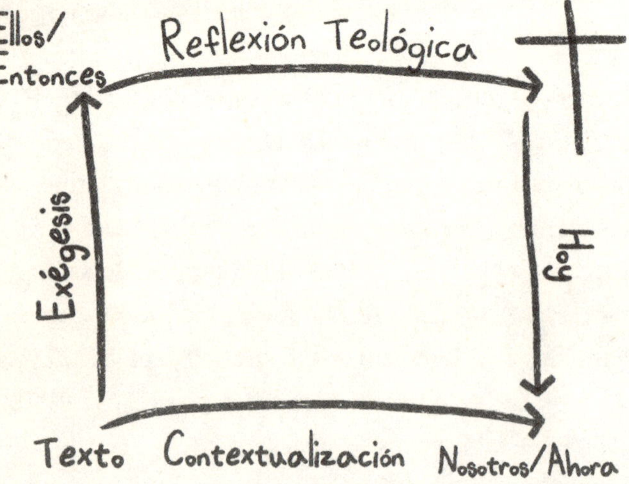

Muchos predicadores jóvenes encuentran difícil este tramo final del viaje. No están seguros de cómo navegarlo, o por lo menos cómo navegarlo bien. Puede que aborden las diversas partes de forma aislada. Algunos sin duda serán capaces de completar las tareas del proceso exegético. Otros pueden haber adoptado estrategias de lectura que les llevarán a la reflexión teológica. Pero, si preguntas cómo lo hacen para juntar dos o más de esos elementos de manera que se forme un mensaje coherente para *hoy*, las cosas se calman.

No obstante, la síntesis debe hacerse. Y los expositores bíblicos que lo hacen bien, lo hacen, en parte, debido a la atención contextualizada que prestan a la *audiencia*, a la *organización* y a la *aplicación*.

1. LA COMPOSICIÓN DE TU AUDIENCIA

En el sentido más amplio, nuestros intentos de contextualización siempre deben evitar dos errores. Por un lado, si nuestra predicación siempre se opone a la cultura, nuestro mensaje será rechazado por el mundo, incluso antes de que tengamos la oportunidad de presentar a Cristo. Por otro lado, si acomodamos nuestro mensaje para el mundo —o asimilamos el patrón de nuestras vidas—, abandonamos el fundamento que nos permite ser útiles para Dios en el mundo. Nuestra tarea es encontrar una manera de llevar el mensaje inmutable de Dios a un mundo casi vacío de categorías bíblicas y lleno de confusión teológica.

Aunque es bueno abogar por un trabajo exegético y teológico, los buenos expositores nunca pierden de vista el hecho de que estas disciplinas existen para servir a la gente. No me gusta la mentalidad que algunos predicadores parecen tener (que la congregación está ahí para servirles en el ejercicio de su ministerio de la Palabra). Los predicadores más jóvenes especialmente deberían ser conscientes de esta tentación de establecer un ministerio de autoservicio.

Durante los últimos quince años, nuestra iglesia ha tenido el privilegio de formar a más de setenta internos (hombres y mujeres jóvenes dirigidos hacia el servicio cristiano a tiempo completo de un tipo u otro). De vez en cuando les recuerdo: *¡Lo que importa es la gente!* Y si quienes específicamente desean predicar la

Palabra no poseen un corazón dedicado a las personas, no se les debería permitir la regularidad en el atril de predicación.

Por tanto, si quieres llegar a ser un expositor bíblico, entiende esto: un prerrequisito para la predicación es una pasión creciente y piadosa por la gente. Aprende a conocer y a amar a la audiencia que Dios te ha dado. ¿No es precisamente esta la lección que Jesús inculcó en Pedro antes de soltarlo en el mundo con el evangelio? En Juan 21, Jesús se apareció por tercera vez a Pedro y a los otros discípulos en las orillas del mar de Galilea. Jesús le preguntó tres veces: "Pedro, ¿me amas más que éstos?" Y tres veces —cada vez con mayor frustración— el que pronto sería predicador dijo: "Sí, Señor, tú sabes que te amo". En respuesta, Jesús le dijo: "Apacienta mis corderos... Apacienta mis ovejas". El asunto estaba claro: ¡A quienes Jesús aparta para proclamar el evangelio son los que demuestran su amor por Él amando a Su iglesia!

Y por eso digo a todos los que desean predicar mensajes por Cristo: "¿Amas a Jesús? ¿De verdad le amas?" Entonces manifiesta tu amor por Él alimentando y cuidando a aquellos por los que murió. Aprende a amar a la gente.

La iglesia

La audiencia principal de la Palabra de Dios predicada expositivamente es la iglesia, el pueblo de Dios. Los expositores bíblicos fieles son siempre conscientes de esto. Trabajan sobre la Palabra de Dios con gran cuidado, precisamente porque saben que la Palabra que proclaman salva y fortalece a la iglesia.

Fue por Su propio pueblo que Dios —en el jardín del Edén— envió Su Palabra. En el monte Sinaí, Dios volvió a enviar Su Palabra, esta vez inscribiéndola en piedra para que Su pueblo recién salvado pudiera conocerle, así como Sus caminos llenos de gracia. Y cuando Él envió a Jesús —la misma Palabra de Dios— lo hizo para reunir a Su pueblo para Sí mismo. En Pentecostés sucedió lo mismo. Aquellos del principio que se dedicaron a la enseñanza de los apóstoles —la comunión de los santos— fueron convertidos mediante la predicación de la Palabra.

Para decirlo de la manera más simple que puedo: cada expositor bíblico fiel que conozco lleva dentro de sí la convicción fija de que la Palabra de Dios crea y sostiene al pueblo de Dios, Su Iglesia.

¿Qué aportará esto a tu predicación *hoy*? Los expositores especialmente deben ser muy conscientes de que necesitan una *audiencia* con Dios. Solo Él puede cumplir la magnitud de la labor que tenemos por delante. Necesitamos traer toda nuestra preparación del sermón ante Dios en oración. Sería un error pensar que la predicación puede llevarse a cabo de forma aislada (como si la gran y gloriosa obra de Dios de convertir y establecer Su iglesia dependiera de nuestra actividad). Nosotros —los que predicamos— debemos dedicarnos a la oración. Solo esto es una indicación segura de que entendemos cómo la iglesia nace y florece en el mundo. Y hace que como expositores preparemos mensajes de rodillas, además de trabajar en nuestros escritorios. Por experiencia, sabemos lo que significa poner nuestros rostros en el suelo y suplicar a Dios para que haga la obra que nuestros mejores esfuerzos de predicación no pueden conseguir.

En una palabra, estamos desesperados (por la necesidad de que el poder del Espíritu Santo nos asista en nuestra predicación). Y por eso oramos. Oramos antes de la predicación. Oramos en el acto de la predicación. Oramos incluso después de haber terminado nuestra predicación.

La ciudad

Mucho se ha escrito en los últimos años acerca de donde se encuentra nuestra audiencia. No hace falta decir mucho más aquí. Baste decir que nos estamos acercando rápidamente a un momento en la historia de la humanidad, en el que la mitad de la población mundial vivirá en las ciudades. Los expositores bíblicos no deberían ignorar este hecho. Más bien, nuestra predicación debería ser informada por el mismo.

No tenemos que sucumbir a la idea estúpida de que Dios ama más a las personas que viven en ciudades que a las que viven en otros sitios. Simplemente tenemos que atender los retos y las oportunidades de la vida en la ciudad. Las congregaciones a las que muchos de nosotros estamos predicando serán —por naturaleza— más diversas en trasfondo y estarán repletas de formas de ver el mundo que entrarán en competencia, las cuales —si no tenemos cuidado con nuestras palabras— pueden ser una causa innecesaria de combustión. Nuestra predicación debería tener una audiencia más diversa en mente, lo que significa que deberíamos estar dispuestos a ceder con los coloquialismos y bromas propias de nuestras pequeñas subculturas. No te dirigirías al ayuntamiento de tu ciudad con las mismas historias que le contarías a un amigo cercano durante el almuerzo. Es una cuestión de reorientar nuestro ámbito. Deberíamos predicar como si pretendiésemos ser entendidos por gente de los cuatro rincones de la tierra, precisamente porque, en muchos casos, esas serán las personas que estarán escuchando nuestra voz.

A medida que Dios continúa ensamblando congregaciones cada vez más diversas, estas dos estrategias para la predicación deberían ser útiles:

- Una estrategia interpersonal
- Una estrategia integrada

Para ambas estrategias, el discurso ateniense de Pablo resulta instructivo. En primer lugar —en el frente *interpersonal*— Lucas dice que Pablo razonó y conversó con los atenienses en la sinagoga y en el mercado. En otras palabras, su proclamación no era unidimensional. No deberíamos pensar que él solo se puso de pie tras un atril una vez a la semana para dar un monólogo. Más bien, Pablo empleó varias estrategias interpersonales. En el mercado se comunicó mediante el diálogo. Nosotros, también, deberíamos buscar formas y lugares para reproducir hoy esta estrategia interpersonal en las ciudades.

También es relevante para nuestra estrategia interpersonal el hecho de que Pablo, aparentemente, no tomó la iniciativa, sino que esperó hasta que se le dio la oportunidad de hablar con gente poderosa, al menos según se observa en Hechos 17. Lucas registra: "Y tomándole, le trajeron al Areópago, diciendo: ¿Podremos saber qué es esta nueva enseñanza de que hablas?" (17:19). La frase "Y tomándole" es informativa. Pablo, al parecer, no fue presuntuoso. No forzó su camino hacia el centro de la sociedad ateniense. No exigió una audiencia entre las élites. Más bien, fue a sus sitios habituales para la predicación: la sinagoga y el mercado (v. 17). Su sermón en el Areópago fue solicitado. Ciertamente, debemos ser valientes, pero la ciudad también exigirá respeto de nuestra parte.

En segundo lugar, la creciente importancia de las ciudades requiere una *estrategia integrada*. Una estrategia integrada —a diferencia de una informal— junta las normas culturales y el mensaje cristiano, usándolas en formas que sirven para tu proclamación del evangelio. Una ilustración de esto ocurre en Hechos 17, donde Lucas —entre otras cosas— de manera efectiva exime a Pablo de cualquier falsa acusación de fanatismo fundamentalista. Él describe a Pablo como alguien justamente provocado por los ídolos atenienses, pero no dispuesto a volcarlos en las calles. De hecho, él muestra a Pablo haciendo justo lo opuesto (los usa para su propia ventaja apologética): "Varones atenienses, en todo observo que sois muy religiosos; porque pasando y mirando vuestros santuarios, hallé también un altar en el cual estaba esta inscripción: AL DIOS NO CONOCIDO. Al que vosotros adoráis, pues, sin conocerle, es a quien yo os anuncio" (vv. 22-23). Al iniciar su mensaje con "el dios no conocido", Pablo apunta a las sensibilidades intelectuales de sus instruidos oyentes. Al fin y al cabo, la mayoría de los eruditos al menos reconocerán que muchas cosas siguen siendo desconocidas; y el término usado por Pablo en Hechos 17:23 es una forma de la palabra *agnosticismo*. Como dijo Cornelius Van Til: "Incluso entre los cultos era de buen estilo reconocer el hecho de que había más en el cielo y en la tierra de lo que podrían soñar en su filosofía... estaban perfectamente dispuestos, por tanto, a dejar un lugar abierto para lo desconocido".[1] Empezar su mensaje de esta manera fue una idea genial.

¿Puedes imaginarte lo diferente que habría sido esta historia si Pablo hubiese elegido emplear una estrategia iconoclasta en Atenas en lugar de una integrada? Si hubiera agarrado un mazo para los altares, o liderado una marcha en contra de las fiestas, o pegado un lema —"en contra de la forma ateniense"— en los carteles a la entrada de la ciudad, ciertamente habría hecho su mensaje entendible. Pero también podría haber hecho mucho daño al evangelio. Las estrategias grandilocuentes pueden liberar al mundo de sus símbolos externos religiosos o paganos, pero siempre que los cristianos adoptan tales estrategias, no logran ganar las mentes y los corazones de aquellos que viven y caminan entre los ídolos.

Sí, muchos hoy serán llamados a predicar en grandes ciudades, y tales predicadores harían bien en adoptar las estrategias interpersonales e integradoras que han ayudado a ganar ciudades en el pasado.

El ciudadano y su cultura

Una cosa es saber dónde se puede encontrar nuestra audiencia. Otra muy distinta es saber quién es nuestra audiencia y qué costumbres la definen. El mundo de hoy está lleno de personas que no conocen la Biblia, y ninguno de nosotros jamás debería estar satisfecho con predicar con pocas personas así en la audiencia. Los predicadores del evangelio deben interesarse por tener oyentes de entre los que están *en* el mundo, ya que los no cristianos son una audiencia fundamental para la Palabra. Si queremos que nuestros mensajes lleguen a la audiencia de hoy, tenemos que dar la debida atención a su contexto cultural. Tendremos que ser capaces de hablar el lenguaje de la cultura. Afortunadamente, hay más que suficientes libros y artículos que abordan esta necesidad. No hay mucho más que pueda añadir, aunque ofrecería la advertencia de que los buenos expositores bíblicos deberían conocer los límites de este tipo de preparación.

El hecho de que la contextualización se haga bien, no significa necesariamente que nuestra predicación vaya a entenderse fácilmente, y mucho menos que vayamos a transformar la cultura necesariamente.

Una vez más, no hace falta mirar más allá del discurso ateniense de Pablo en Hechos 17:16-34 para ver que tal es el caso. Aunque Pablo hizo todo lo posible para contextualizar su mensaje para su audiencia —al igual que deberíamos hacerlo nosotros—, Lucas observa que esta buena y necesaria labor tuvo un efecto limitado. Un ateniense reaccionó a la predicación del evangelio de Pablo diciendo: "¿Qué querrá decir este palabrero?" (17:18). La palabra traducida como *palabrero* significa *recolector de semillas* o *alguien que recoge sobras*, como si Pablo estuviese agarrando una idea de aquí y otra de allá y los resultados fuesen incoherentes. Este es el tipo de reacción que pretende haber superado alguien que se adhiere ciegamente a la contextualización.

No dejes que el registro de Lucas se pierda en cuanto a ti: Pablo —quien nos da el modelo de contextualización— fue objeto de burla por predicar un mensaje sin centro unificador y, por tanto, sin capacidad para influir en la opinión pública (*ver* Hch 17:32). Otra reacción al mensaje de Pablo fue: "Parece que es predicador de nuevos dioses; porque les predicaba el evangelio de Jesús, y de la resurrección" (v. 18). La frase "nuevos dioses" sugiere que parte del problema ateniense tenía que ver con entender el significado de Pablo. En esencia, cuando los atenienses oyeron el evangelio por primera vez, les pareció extraño, desconocido, y fuera de su actual panteón.

Lo que pretendo al prestar atención a estas dos reacciones que recibió Pablo es decir, sí, dedícate a la labor de entender a los ciudadanos de hoy y su cultura, pero no pienses que los buenos expositores bíblicos siempre resultarán comprensibles o persuasivos para la gente de hoy.

Finalmente, recuerdo no solo nuestra necesidad de orar, sino también del poder ayudador del Espíritu Santo en toda nuestra predicación. De hecho, esta es nuestra mayor necesidad. Los predicadores deben entender la verdadera fuente de poder. El papel que desempeña el Espíritu Santo en dar a luz iglesias a través de la Palabra de Dios y en desafiar la supremacía de todos los ciudadanos y las culturas es indispensable. La verdadera vida y el verdadero cambio en nuestros oyentes no proviene de nuestro ingenio, sino de la Palabra del Espíritu (Jn 6:63), expuesta en un lenguaje claro, por un predicador que recurre a Dios.

Por convicción entonces, nosotros que aspiramos a exponer la Palabra de Dios, debemos abandonar toda pretensión y espectáculo —lo que ha pasado a ser costumbre en la predicación—, cualquier cosa que revele la creencia de que el poder reside de alguna manera en nosotros. La predicación exige humildad. Debemos dejar cualquier interés indebido en cuanto a destreza o forma. Repudiamos la fama, el reconocimiento y las trampas de la avaricia:

> Porque nuestra exhortación no procedió de error ni de impureza, ni fue por engaño, sino que según fuimos aprobados por Dios para que se nos confiase el evangelio, así hablamos; no como para agradar a los hombres, sino a Dios, que prueba nuestros corazones. Porque nunca usamos de palabras lisonjeras, como sabéis, ni encubrimos avaricia; Dios es testigo; ni buscamos gloria de los hombres; ni de vosotros, ni de otros. (1Ts 2:3-6)

2. LA ORGANIZACIÓN DE TU MATERIAL

Cada semana, el predicador se enfrenta a un reto similar: ¿Cómo debería ordenar el material que pretendo predicar? ¿Qué organización tendrá? Estas preguntas son buenas y valen la pena.

Una vez que hayas hecho la exégesis y hayas reflexionado teológicamente sobre el texto, tendrás un almacén de cosas ricas y provechosas que decir, y tienes toda la razón para querer premiar a tus oyentes con el fruto de tu trabajo. Entonces, ¿qué debería gobernarnos en la disposición del material? ¿Y qué papel positivo jugará la contextualización? Creo que necesitarás prepararte en dos líneas:

- La necesidad de la claridad
- Las ventajas de la conformidad textual

La primera se apoya en gran medida en la contextualización; la segunda se aferra firmemente al texto bíblico.

La necesidad de la claridad

Hace unos años, me senté con Dick Lucas en su sala de estar en Londres, Inglaterra. Nuestra conversación giró —naturalmente— en torno a lo que Dios estaba haciendo en la iglesia. Ambos estábamos esperanzados y emocionados con la promesa que veíamos en la próxima generación de predicadores. En medio de este intercambio optimista, él interrumpió diciendo: "Sí, pero debemos recordarles que nuestra predicación nunca puede ser demasiado simple". Después de predicar por casi cincuenta años a los hombres y mujeres de negocios que trabajan en el distrito financiero de Londres, Lucas había aprendido algo muy importante: Los grandes son los claros. Los predicadores no pueden ser demasiado simples. *Necesitamos claridad*.

Me he dado cuenta de lo mismo. Aunque tenemos una generación de predicadores entusiastas y emergentes en el panorama actual, muchos todavía tienen que aprender el arte de organizar su material de manera clara y concisa. Aquí es donde la contextualización tiene un maravilloso papel que jugar.

Los predicadores expositivos reconocen que las personas a las que se dirigen semana tras semana no están, en general, tan emocionadas como ellos en cuanto a todos los matices exegéticos y rompecabezas textuales que fueron dominados durante la semana. Uno de mis propios hombres de negocios piadosos me lo dijo de esta manera: "David, ¿qué nos llevaremos esta semana?

No me hables durante la mayor parte de treinta minutos sin dejar las cosas claras. Necesito simplicidad y un discurso directo".

Un predicador fructífero conoce las trincheras en las que vive y trabaja su gente. Conoce sus necesidades y habla su idioma. Se siente cómodo predicando a la persona creyente y no creyente por igual, aun si parte de su semana se la pasó solo en la oficina.

Cuando empieces el trabajo contextual de organizar tu material, haz la labor preliminar de asegurarte que tu predicación es clara. Presta mucha atención a las palabras que usas y a cómo enfatizarás los puntos. Quédate satisfecho si las glorias de Cristo quedan claras solo para aquellos que vienen a escuchar. Como Pablo animó: "Dedíquense a la oración... al mismo tiempo, intercedan por nosotros... para que yo lo anuncie con *claridad*, como debo hacerlo" (Col 4:2-4, NVI). Estos dos pasos prácticos pueden ayudar con la claridad:

- Indica el tema del texto
- Articula el objetivo del autor

Los expositores bíblicos no suben al púlpito para predicar sin ser primero capaces de articular el *tema* de su texto en una frase coherente. El tema es la idea central o el asunto que domina el texto. Es el mensaje que el autor quiere transmitir. Por ejemplo, recientemente empecé un mensaje sobre Santiago 4:1-12 diciendo simplemente: "El asunto que Santiago quisiera que consideráramos juntos durante los próximos treinta minutos son nuestras palabras, su capacidad para romper relaciones en la iglesia, la fuente de ese poder, y qué se puede hacer al respecto". Ya sea que lo digas tan claramente como yo lo hice, ser capaz de poner la enseñanza principal del autor ante tu congregación en una frase te ayudará con la simplicidad y la claridad, dos distintivos de buen estilo.

Un segundo paso práctico que un expositor bíblico puede utilizar para ayudar a la claridad es decir en una sola frase el *objetivo* del autor bíblico para su audiencia a partir del texto. El objetivo es lo que el autor quiere que su audiencia haga o cómo quiere que piense, es decir, la acción o reacción resultante de su tema. Incluso si no lo pones en una sola frase en tu sermón, deberías tenerlo trabajado antes de subir al púlpito. Deberías ser capaz de responder a la pregunta, ¿qué quiere el autor de sus lectores?

Ser capaz de indicar el objetivo del autor tiene inmensos beneficios (como la simplificación de tu tarea de contextualización). Los expositores bíblicos no desfallecen en sus estudios buscando maneras de traer relevancia a sus mensajes. No tienen por qué hacerlo. La Biblia *es* relevante. Al contrario, sacan implicaciones y aplicaciones que ya están allí en el texto en formas que tengan sentido para la cultura en la que la iglesia está. El texto de la Escritura y la tarea de la contextualización trabajan mano a mano. Son socios en la tarea de la predicación. Y cuando se usan así, no solo el predicador tiene más probabilidades de ser fiel y fructífero, sino que sus sermones serán más claros y fáciles de seguir.

Las ventajas de la conformidad textual

Esta misma relación dinámica entre el texto y la contextualización debería ocurrir cuando los expositores bíblicos se ponen a esbozar sus mensajes. La contextualización es sierva del texto.

La organización de tus sermones debería seguir habitualmente la organización del texto bíblico. Tu esquema de predicación emerge de tus labores exegéticas, bíblicas y teológicas. De hecho, se convierte en la imagen de espejo contextualizada de estas.

Este principio es la materialización natural de lo que significa la exposición. Nosotros no debemos imponer nuestro guion sobre el texto. Más bien, debemos sacar del texto lo que el Espíritu Santo ya puso ahí. Y la mejor forma de hacer esto es siguiendo la manera como Él lo organizó. Recuerda, Charles Simeon estaba apuntando a esto cuando dijo: "Mi esfuerzo consiste en sacar de la Escritura lo que está ahí, y no meter lo que pienso que podría estar ahí. Tengo un gran celo en esta cabeza; nunca hablar más o menos de lo que creo que es la mente del Espíritu en el pasaje que estoy exponiendo".[2]

He definido la exposición bíblica como la predicación poderosa que somete correctamente la forma y el énfasis del sermón a la forma y el énfasis del texto bíblico. Quizá sea de ayuda ver lo que pretendo decir con las palabras claves de mi definición. Con *la forma y el énfasis* quiero decir que cada unidad natural de predicación en la Biblia viene ya preparada con una organización y énfasis pretendido por el Espíritu. El trabajo del predicador es encontrarlo. La mejor forma de hacer esto es a través de un trabajo disciplinado de exégesis y reflexión teológica. Cuando la forma y el énfasis han sido entendidos, el predicador está listo para pensar en la construcción del sermón.

Lo que diferencia a la construcción de una exposición de otras clases de charlas sobre la Biblia es lo siguiente: el predicador *somete correctamente* la disposición del material a la forma y el énfasis del texto. No imponemos algún otro esquema sobre el texto. Y, además, no interponemos material no incluido en el mismo. Estas dos preocupaciones se abordan en la frase *somete correctamente*. Necesitamos predicadores que se sometan a volver a anunciar correctamente la buena noticia.

Demasiados de nosotros estamos sueltos en la jaula. Los esquemas de nuestros sermones no están bien. Construimos mensajes que reflejan algo diferente al texto. Poseen una forma diferente. Esto es una indicación de que no estamos ni de cerca lo suficientemente disciplinados en esta parte de nuestra preparación. No sometemos el esquema y el énfasis de nuestras predicaciones al texto. En su lugar, ajustamos el texto a cualquier forma y énfasis que encaje con nuestra imaginación esa semana en particular. Como resultado, nos quedamos cortos de exposición, y engañamos a nuestra gente en cuanto a escuchar la voz de Dios. Ellos solo se quedan con nuestras voces deficientes en su lugar. Por tanto, te animaría a trabajar para producir mensajes de la Biblia comprometidos con la conformidad textual. Al fin y al cabo, esto es la exposición bíblica, y como dice el subtítulo de este pequeño libro, así es cómo proclamamos la Palabra de Dios hoy.

Luego de examinar el beneficio que la contextualización puede desempeñar en la *audiencia* y la *organización*, veamos cómo puede ayudar en la *aplicación* del mensaje.

3. LA APLICACIÓN DE TU MENSAJE

Cuando se trata de la aplicación, lo primero que hay que decir es que los expositores bíblicos deben buscar un *cambio de corazón*.

No estamos buscando solo aplicar las verdades de Dios a la mente de nuestros oyentes, aunque esto es muy importante. Tampoco podemos estar contentos solo con poner sus manos y sus pies a trabajar, aun cuando el servicio cristiano es muy importante. Más bien, debemos apuntar a los corazones de nuestros oyentes. Nuestra predicación nunca debería conformarse con aplicaciones que solo lleguen al pensamiento o a la práctica. Más bien, como expositores bíblicos, nuestro objetivo es capturar totalmente la voluntad y los afectos de nuestros oyentes para Dios. El corazón es el asiento del poder. Y el corazón es el agente del cambio. Una aplicación completa al corazón se asocia con la contextualización en al menos cuatro formas. Esta aplicación:

- Tendrá como objetivo decidido un arrepentimiento de corazón
- Estará arraigada en un corazón de oración
- Procederá de un conocimiento del corazón
- Surgirá del corazón del texto bíblico

Un arrepentimiento de corazón

Volvamos de nuevo al sermón de Pablo en Atenas. Allí, él predicó buscando un *arrepentimiento de corazón*. Instó a los ciudadanos de Atenas a que se "arrepientan" (Hch 17:30) y a no quedarse en "los tiempos de esta ignorancia". Pablo quería —nada menos— que los atenienses diesen un giro completo de mente, de corazón y de voluntad.

Durante la preparación del sermón, el predicador debería preguntarse a sí mismo una serie de preguntas cuando piensa en la aplicación del texto: ¿Estoy predicando para que haya un cambio interno de corazón? ¿Soy reticente a instar al arrepentimiento? ¿Es mi mensaje más que mero intelectualismo?

Recuerda, la meta de la contextualización no es ayudar al mensaje del evangelio para que se convierta en un hecho más interesante. Más bien, nos disponemos a ganar los corazones de nuestros oyentes para la alabanza plena que Cristo merece. Y para que esta labor de exaltación se produzca, será necesario que el Espíritu de Dios aplique la Palabra de Dios al pueblo de Dios. ¿Quién puede cambiar el corazón del hombre, sino solo Dios (algo que irónicamente entendieron los enemigos de Jesús; ver Mr 2:7)?

Un corazón de oración

Dado que el objetivo de la aplicación del sermón son corazones completamente arrepentidos, y puesto que solo Dios puede lograr este objetivo, debemos acercarnos a la parte de la aplicación de nuestra preparación de rodillas. Debemos estar familiarizados con la oración de corazón.

Lucas 11:1-13 nos anima a este fin. Los discípulos se acercaron a Jesús, con ganas de aprender a orar, así como Juan había enseñado a sus discípulos. En respuesta, Jesús les proporcionó un patrón para la oración (Lc 11:1-4). Entonces contó una parábola para animarlos en la labor de la oración contrastando a Dios como Padre con un amigo cercano. Un amigo que se despierta en medio de la noche quizá no pueda ofrecer ayuda. ¡La amistad tiene sus límites! Pero Dios como Padre no es como este amigo. Él está listo para ayudarnos. Pide y recibirás. Llama y Él abrirá.

¿Y qué es exactamente lo que Dios promete darnos? "El Padre celestial dará el Espíritu Santo a quienes se lo pidan" (11:13). Ni siquiera los discípulos de Juan el Bautista —a los que se les había enseñado a orar— sabían acerca del Espíritu Santo (Hch 19:1-2). Pero, gracias a Dios, nosotros sí somos conscientes. ¡Y Dios promete dárnoslo!

El conocimiento del corazón

Así como debemos abrir nuestros corazones a Dios por las almas de los nuestros, también deberíamos conocer sus corazones. En el mejor de los casos, la contextualización nos ayuda a ver lo que controla los corazones de los que nos rodean. Dicho de una forma simple, si la aplicación de nuestro mensaje sirve para capturar los corazones de nuestra gente para Dios, necesitamos tener conciencia de tales corazones. Debemos percibir —mediante observación cuidadosa— sus valores y compromisos internos, especialmente aquellas cosas que les impiden vivir vidas bien ordenadas en la adoración y la obediencia a Cristo.

Los escritos de Agustín y las Epístolas de Pablo —así como los escritos sobre su predicación en Hechos— contienen un material indispensable para que los predicadores mediten sobre la labor de la contextualización. De hecho, los escritos de estos dos hombres por sí solos serían suficientes para las necesidades del expositor. Es ridículo pensar que hacer referencias a *The Economist* o *The New York Times* basta para hacer el trabajo. Este tipo de escritos, generalmente, no logra ir más allá de lo que está pasando en el mundo. La cuestión del *por qué* los hombres hacen lo que hacen es la parte esencial; descubriendo que siempre será ¡un asunto del *corazón*! Nadie ejemplifica mejor esta habilidad que Agustín y Pablo. Te muestran *cómo* se puede hacer uso de *The Economist* y del *Times*. Afortunadamente, lo que Agustín y Pablo demuestran se puede adquirir. Por ejemplo, el historiador de Princeton Peter Brown muestra exactamente este tipo de conciencia del corazón a través de su propia investigación y lectura acerca de la antigua Roma. Él escribe sobre el *amor civicus* de los ciudadanos de Roma, su "amor por la ciudad y sus ciudadanos". Continúa diciendo:

> Una persona rica que mostró este amor fue aclamada como un *amator patriae* (un enamorado de su ciudad natal). Era el amor más honorable que una persona rica podía mostrar. El *amor civicus* estaba escrito en los templos, en los foros y en los edificios públicos, en los arcos, en las columnas y en los grandes lugares de entretenimiento público —teatros, anfiteatros y circos que parecían estadios— que aún asombran al turista de cualquier sitio romano de casi cualquier región de Europa occidental y del norte de África.[3]

Brown describe a la gente de Roma como personas que tienen "paisajes del corazón". Los describe como "amantes de la patria" y "amantes cuyo corazón era Roma".[4] Si Brown estuviese predicando a la gente de Roma, este es exactamente el tipo de conocimiento que resultaría excelente para hacer aplicaciones en un sermón. Al igual que la antigua Roma, nuestras ciudades son lugares donde las cosmovisiones colisionan. No obstante, son lugares donde los corazones de los hombres y de las mujeres son expuestos. Y tú y yo debemos aprender la habilidad de escuchar lo que Peter Brown demuestra tan bien.

Para aplicar la Palabra de Dios hoy de una forma penetrante, es de ayuda saber lo que nuestra ciudadanía ama, aprecia, y valora. ¿Has hecho esto? ¿Posees un conocimiento del corazón de las personas en tu contexto?

El corazón del texto bíblico

Si bien cada predicador necesita tener conciencia del corazón, es un error pensar que esto es todo lo que un predicador necesita para hacer buenas aplicaciones del evangelio. Recuerda, un ministerio evangélico sano siempre debe ser informado por el contexto (pero dirigido por el texto).

Algunos predicadores son tan dirigidos por la audiencia, y están tan enfocados en el contexto, que cuando llega el momento de preparar aplicaciones del sermón, ¡se olvidan de su texto! De hecho, he escuchado a predicadores describir su tiempo de preparación de aplicaciones de esta forma: se sientan en su oficina con los ojos cerrados, con la cabeza hacia atrás, con el rostro dirigido hacia el techo. Se susurran a sí mismos cosas como: "Ahora, sé que Bobby estará allí, tiene trece años y está enfrentando problemas de identidad... ¿Cómo puedo aplicar esto a su corazón? Y Billy-Sue estará allí, bendito su corazón, y está luchando contra la depresión..."

Esta estrategia altamente contextualizada tiene un lugar, pero no debe tener un papel principal. El predicador puede servir mejor a su gente con sus ojos abiertos y su rostro clavado *en el texto*. La clave a recordar es la siguiente: las aplicaciones de tu mensaje siempre están conectadas con *el corazón del texto bíblico*. Para encontrarlas, es necesario hacerse mejores preguntas (no preguntas acerca de tu gente, sino preguntas acerca del texto).

Una pregunta que siempre me hago acerca de mi texto es, ¿qué intención tiene el autor bíblico para sus lectores? Esta es, de lejos, la mejor forma de empezar. Alinea mis pensamientos con el objetivo del autor. Articular la intención del texto nos avanza en el camino de encontrar las implicaciones o las aplicaciones del texto para nuestros oyentes. A veces encontramos la intención del autor en una declaración explícita. En estos casos, el autor nos está entregando nuestra aplicación. Por ejemplo, en el relato de David y Goliat, leemos esto:

> Jehová te entregará hoy en mi mano, y yo te venceré, y te cortaré la cabeza, y daré hoy los cuerpos de los filisteos a las aves del cielo y a las bestias de la tierra; y toda la tierra sabrá que hay Dios en Israel. Y sabrá toda esta congregación que Jehová no salva con espada y con lanza; porque de Jehová es la batalla, y Él os entregará en nuestras manos. (1S 17:46-47)

Aquí el texto nos da el mensaje de la historia: la batalla tiene un propósito evangelístico ("y toda la tierra sabrá que hay Dios en Israel") y un propósito de edificación, enseñar al pueblo de Dios a confiar en Él ("Jehová no salva con espada y con lanza; porque de Jehová es la batalla").

Una segunda pregunta útil sobre el texto es, ¿de qué manera están los personajes de este texto respondiendo a la verdad de Dios, o al Ungido de Dios? A veces —aunque no siempre— los personajes actúan como contrastes para los congregantes. Una vez prediqué en un pasaje que muestra un contraste entre dos reyes; Saúl y David (1S 22). Es un capítulo fascinante, con dos personajes secundarios que comparten el escenario con los famosos reyes. El primero es Doeg el edomita, quien se alinea con Saúl. El segundo es Abiatar, quien decide seguir a David. Doeg y Abiatar se convierten en personajes útiles para la aplicación del sermón.

¿Seguiremos al Ungido de Dios, a pesar de que parece débil y está huyendo? ¿O seremos como Doeg, y seguiremos al rey terrenal, cuyo poder y beneficios finalmente fracasarán?

Una tercera pregunta útil es: "¿Es esta aplicación, la aplicación principal de este texto o simplemente una de las posibles?" No deberías, en general, seleccionar una aplicación secundaria o terciaria antes de asegurarte de que has entendido la principal. Tu objetivo principal con un texto debe coincidir con el objetivo principal del Espíritu Santo. Piensa en esto como si fuese una escalera en la que cada aplicación se vuelve más y más abstracta. Cuanto más lejos esté el peldaño en la escalera, más torpe serás para alcanzarlo. Simplemente está demasiado lejos, y es mejor que te aferres a algo más cercano, más fuerte, más claro y principal. En las ocasiones que quiero aplicar mi texto en múltiples formas, siempre comienzo con la aplicación principal. Cuanto más me alejo, le digo a mi congregación que lo que estoy diciendo es más un estiramiento. Piensa de nuevo en lo que dijimos sobre 1

Samuel 2, en el capítulo 1. Algunas de las aplicaciones eran acerca de ser padres. Pero a medida que estudiamos el texto, vimos que estas aplicaciones eran secundarias e incluso terciarias.

Otra pregunta útil que prueba mis aplicaciones en cuanto a las restricciones del texto es, ¿esta aplicación debilita mi texto? El hecho de que una aplicación sea posible no quiere decir que el autor la tuviese en mente. Una pregunta relacionada es, ¿contradice mi aplicación otros textos bíblicos? Si es así, no la uso. Piensa en la ocasión cuando David mintió al sacerdote Ajimelec con el fin de conseguir comida y armas (1S 21). Puedes utilizar este texto para argumentar a favor de un "engaño santo" en el servicio a Dios, pero vas a tener problemas cuando llegues a Colosenses 3:9-10. Esta última pregunta nos ayuda a evitar que inadvertidamente enfrentemos la Escritura contra la Escritura.

Una comprobación final de mi trabajo consiste en hacer una pregunta que me apunta de vuelta al corazón de la Biblia misma. ¿Está la aplicación que estoy haciendo fundamentada en el evangelio, o estoy en peligro de simplemente colocar más mandamientos sobre mi gente? Al predicar Santiago 3:1-12, por ejemplo, sería muy fácil decir: "Controla tu lengua". Pero esto es moralismo si lo dejamos ahí. El mensaje de este capítulo es que controlar nuestras lenguas es imposible. Necesitamos gracia. Santiago enseña esto en los versículos 13-18. Buscamos la sabiduría "que es de lo alto".

UNA PALABRA FINAL

Para lograr el mejor impacto hoy, los predicadores deben asociar la contextualización con el texto bíblico. No solo eso, sino que nos hemos beneficiado de estos dos elementos en formas que nos ayudan con la composición de nuestra *audiencia*, la *organización* de nuestro material, y la *aplicación* de nuestro mensaje.

Una palabra final, y hemos terminado. Los mejores expositores bíblicos, aunque están inmensamente pendientes del *hoy*, no obstante, hacen todo su trabajo del sermón —ya sea la exégesis, la reflexión teológica o la contextualización— a la luz *del día* (ese día cuando Jesús regrese, cuando todas las cosas serán reveladas, incluyendo las motivaciones del corazón del predicador). Que tu conocimiento de ese día te ayude a permanecer en oración y fiel, dejando la abundancia de los frutos en las manos de Dios.

CONCLUSIÓN

LOS HUESOS SECOS

Tras su ordenación, Charles Simeon predicó su primer sermón en *Trinity Sunday* como sustituto de un pastor que estaba de vacaciones. En aquella época, Simeon solo tenía veintidós años. Décadas después, hizo una reflexión sobre sus primeros esfuerzos en el púlpito. Escribió:

> Habiendo conocido ahora al Sr. Atkinson, empecé a ocuparme del cuidado de su iglesia durante unas largas vacaciones; y tengo razones para esperar que algún bien se hizo allí. En el espacio de un mes o seis semanas la iglesia se llenó bastante; a la mesa del Señor asistió tres veces el número habitual de los comulgantes, y un revuelo considerable fue causado entre los huesos secos.[1]

Como predicador, me encanta todo acerca de la breve descripción que hizo Simeon de sus primeros sermones: desde la forma ordinaria como comenzó —reemplazando en el púlpito a un hombre de vacaciones— hasta su simple expresión de esperanza de ser útil. ¡Qué maravilloso inicio! Incluso supongo que Dios hizo que esos primeros mensajes fuesen especialmente fructíferos como un regalo especial, con el fin de ayudarle más tarde en el ministerio. Después de todo, Simeon pronto encontraría muchas pruebas en Cambridge. Quizá, por encima de todo, me encanta el dramatismo en cómo veía el impacto de la Palabra predicada: "un revuelo considerable fue causado entre los huesos secos".

Estoy firmemente convencido de que lo que pasó en los días de Simeon, por la gracia de Dios, puede pasar otra vez. ¡Y tal vez empezará contigo! Al escribir este breve libro sobre predicación, he mantenido cerca en mi mente a este joven de veintidós años. Así que, ya sea que tengas veintidós u ochenta y dos, o algo entre medio, mi oración es que Dios use tu ministerio de maneras que nos den a todos esperanza de que "algún bien se hizo".

APÉNDICE

PREGUNTAS QUE SE HACEN LOS PREDICADORES

Aquí hay algunas preguntas de diagnóstico que puedes usar para guiarte en tu preparación del sermón de principio a fin.

LA EXÉGESIS

- ¿He orado pidiendo la ayuda de Dios antes de empezar?

Estructura

- ¿Cómo ha organizado el autor este texto? Será de ayuda si puedes indicar claramente las separaciones de los versículos para cada parte de la estructura.
- *General*: ¿Hay alguna palabra, frase o idea repetida en el texto?
- *Narrativa*: ¿Cómo se divide el texto en escenas? ¿Está organizado en torno a la geografía o en cambios de atención sobre los personajes? ¿Cuál es la trama? (¿Cuál es el conflicto, o qué es lo que está proporcionando tensión dramática? ¿Cuál es el clímax o punto de inflexión? ¿Se resuelve la tensión? Si es así, ¿cómo?).

- *Discurso*: ¿Cómo la gramática o la lógica del pasaje muestran el flujo de las ideas?
- *Poesía*: ¿Cómo cambia el tono o el asunto de este poema? ¿Qué revela la organización acerca del énfasis pretendido por el autor?

Contexto

- ¿De qué manera el contexto literario inmediato —los pasajes en ambas partes del texto— dan información sobre el significado del texto? ¿Por qué está este pasaje aquí en este lugar?
- ¿Cuál era la situación histórica enfrentada por la primera audiencia o, dependiendo del género, por los primeros lectores?
- ¿Cómo encaja el pasaje en una sección más amplia?

Línea melódica

- ¿Cuál es la esencia de este libro?
- ¿De qué forma el pasaje está dando información y cómo está siendo informado por la línea melódica?
- ¿Cuál es el tema del texto?

LA REFLEXIÓN TEOLÓGICA

- ¿De qué manera el texto anticipa o se relaciona con el evangelio?
- ¿Cómo la teología bíblica me ayuda a ver el evangelio en el texto? ¿Cómo está usando el autor *el cumplimiento profético, la trayectoria histórica, los temas* y *las analogías*?

- ¿Cómo la teología sistemática me ayuda a ver el evangelio en el texto? ¿Me está manteniendo en la fe, ayudándome a conectar con el evangelio, o perfeccionando mi habilidad para hablar con no cristianos?

LA CONTEXTUALIZACIÓN Y HOY

La audiencia

- ¿Conozco a la gente que estará oyendo este sermón?
- ¿Me he comprometido a amarles? ¿He estado en oración por ellos durante mi preparación?

La organización

- ¿Qué forma y énfasis aplicaré a mi sermón? ¿Refleja esta forma y énfasis la estructura y el énfasis del texto?

La aplicación

- ¿Estoy predicando buscando un cambio interno de corazón, tanto en mi vida como en la vida de mis oyentes? ¿Estoy haciendo esto de tal modo que correctamente humille al oyente, exalte al Salvador, y promueva la santidad en las vidas de los que están presentes?
- ¿Qué finalidad o intención tiene el autor bíblico para sus lectores?
- *Narrativa*: ¿Cómo están los personajes del texto respondiendo a la verdad de Dios, o al Ungido de Dios?
- *Discurso/poesía*: ¿Cómo quiere el autor que respondan sus lectores?

- ¿Mi aplicación proviene del objetivo del autor?
- ¿Es mi aplicación la principal aplicación del texto, o simplemente una de las posibles?
- ¿Mi aplicación mina el texto? ¿Contradice otros textos bíblicos?
- ¿Está la aplicación que estoy haciendo arraigada en el evangelio, o estoy en peligro de simplemente poner más mandamientos sobre mi gente?
- ¿Me estoy apoyando en el texto para decir lo que quiero decir? ¿O estoy sacando de la Escritura solamente lo que está allí?

AGRADECIMIENTOS

Dos pastores fueron modelos para mí en la predicación expositiva: Kent Hughes y Dick Lucas. Estos hombres no solo planificaron su semana en torno a la explicación de la Palabra de Dios, sino que también encontraron tiempo para invertir en mí. Y por ello les doy las gracias. Siguen siendo queridos amigos, y estoy seguro de que estas páginas son mejores a causa de ellos.

Además, quiero expresar mi apreciación a los dos pastores con los que trabajo más de cerca, Jon Dennis y Arthur Jackson. Vuestros muchos años de ministerio fiel me animan. Estoy en deuda con *Holy Trinity Church, Hyde Park,* Chicago. Por quince años habéis recibido contentos la Palabra de Dios de mi parte. Y más que eso, juntos, semana tras semana, hemos comprometido nuestros corazones, los unos con los otros, mediante la palabra de Cristo. Estoy muy agradecido por ello, y también por lo felices que Dios nos ha hecho bajo el gobierno de Cristo.

También, estoy agradecido por la amistad de Mark Dever y Jonathan Leeman. Es solo por su amable invitación y continua insistencia que estas ideas han sido puestas en papel, y que ha habido tiempo para escribirlas. Señores, gracias por la oportunidad que me habéis dado para estar con vosotros en este trabajo. Adicionalmente, el trabajo editorial de Tara Davis en Crossway ha hecho más fuerte el texto de este libro. Gracias.

Más cerca de casa otra vez, estoy increíblemente agradecido a Dios por Robert Kinney, amigo en la causa de Cristo. Gracias, como siempre, por mejorar el manuscrito, e incluso más, por compartir las responsabilidades de liderar el *Charles Simeon Trust* conmigo. Finalmente, Lisa, por tu alianza de amor de toda una vida, gentilmente reservada solo para mí por tres décadas ya, gracias. Me encanta especialmente el espacio siempre creciente que haces en tu corazón para la Palabra de Dios.

REFERENCIAS

INTRODUCCIÓN

1. Para los detalles en torno al funeral y lugar de entierro de Charles Simeon, estoy en deuda con William Carus, *Memoirs of the Life of Rev. Charles Simeon* (*La vida de Charles Simeon*) (London: Hatchard and Son, 1847), 582-83.
2. Handley Carr Glyn Moule, *Charles Simeon* (London: Methuen & Co., 1892), 97.
3. Charles Simeon, *Horae Homileticae* (Grand Rapids, MI: Zondervan, 1847), xxi.

CAPÍTULO 1

1. Peter Brown, *Through the Eye of a Needle* (*Por el ojo de una aguja*) (Princeton, NJ: Princeton University Press, 2012), 54.
2. Este dibujo con líneas, que se desarrolla a lo largo del libro, es mi propia opinión sobre un gráfico hecho un tiempo atrás por Edmund Clowney en *Preaching Christ in All of Scripture* (Predicando a Cristo en toda la Escritura) (Wheaton, IL: Crossway, 2003), 32. Lo trabajé de la misma forma que los músicos de la iglesia toman un himno antiguo y hacen una nueva versión musical.
3. Bernard Denvir, *The Thames and Hudson Encyclopaedia of Impressionism* (*Enciclopedia de impresionismo de Thames y Hudson*) (London: Thames and Hudson, 1990).
4. El origen de la historia y de la cita de Andrew Lang es incierto, aunque se ha citado ampliamente en colecciones de citas tales como Elizabeth M. Knowles, *The Oxford Dictionary of Quotations* (*El diccionario de citas de Oxford*), séptima edición. (Oxford: Oxford University Press, 2009), 478:12.

5. Handley Carr Glyn Moule, *Charles Simeon* (London: Methuen & Co., 1892), 97.

CAPÍTULO 2

1. La manera de equilibrar los contextos históricos y literarios y qué preguntas tendrás que hacerte sobre un texto dependerá, en parte, del libro que estés predicando. En una epístola, por ejemplo, tienes que entender la situación histórica de la iglesia o del individuo a quien se escribe la carta. Pero un Evangelio no tiene por qué leerse necesariamente igual. Si los Evangelios fueron escritos para ser distribuidos en todo el mundo, entonces la primera audiencia histórica a la que el evangelista escribió es menos importante que el contexto literario usado por el evangelista para ensamblar su Evangelio. Para saber más sobre la audiencia de los Evangelios, véase el libro de Richard Bauckham, ed., *The Gospels for All Christians* (Los Evangelios para todos los cristianos) (Grand Rapids, MI: Eerdmans, 1998).
2. La mayoría de las epístolas incluyen declaraciones de propósito como cuestión de forma. Lucas 1:1-4 y Juan 20:30-31 también sirven como ejemplos útiles de declaraciones de propósito.
3. Mortimer Adler y Charles Van Doren, *How to Read a Book: The Classic Guide to Intelligent Reading* (Cómo leer un libro: La guía clásica para una lectura inteligente) (New York: Touchstone, 1940), 75.

CAPÍTULO 3

1. Charles Haddon Spurgeon, "*Christ Precious to Believers*" ("Cristo precioso para los creyentes") (sermón, Music Hall, Royal Surrey Gardens, 13 de marzo, 1859), http://www.spurgeon.org/sermons/0242.htm
2. James Barr, *The Concept of Biblical Theology: An Old Testament Perspective* (El concepto de la teología bíblica: Una perspectiva del Antiguo Testamento) (London: SCM Press, 1999), 253-54.
3. Sidney Greidanus, *Preaching Christ from the Old Testament: A Contemporary Hermeneutical Method* (Predicando a Cristo desde el Antiguo

Testamento: Un método hermenéutico contemporáneo) (Gran Rapids, MI: Eerdmans, 1999), 234-40.

4. G. K. Beale, *Handbook on the New Testament Use of the Old Testament: Exegesis and Interpretation* (*Manual sobre el uso del Antiguo Testamento en el Nuevo Testamento: Exégesis e interpretación*) (Grand Rapids: Baker Academic, 2012), 14.
5. D. A. Carson, "Unity and Diversity in the New Testament: the Possibility of Systematic Theology" ("Unidad y diversidad en el Nuevo Testamento: la posibilidad de la teología sistemática"), en *Scripture and Truth* (Escritura y verdad), ed. D. A. Carson y John D. Woodbridge (Grand Rapids, MI: Baker, 1983), 69-70.
6. Estas dos citas proceden de los apuntes de A. W. Brown acerca de sus tiempos con Charles Simeon, como parte de las "fiestas de conversación con los estudiantes de Cambridge" de Simeon. Abner William Brown, *Recollections of the Conversation Parties of the Rev. Charles Simeon, M. A.: Senior Fellow of King's College, and Perpetual Curate of Trinity Church, Cambridge* (London: Hamilton, Adams, & Co, 1863), 269.

CAPÍTULO 4

1. Cornelius Van Til, *Paul at Athens* (Pablo en Atenas) (Phillipsburg, NJ: P&R, 1978), 6.
2. Handley Carr Glyn Moule, *Charles Simeon* (London: Methuen & Co., 1892), 97.
3. Peter Brown, *Through the Eye of a Needle* (A través del ojo de una aguja) (Princeton: Princeton University Press, 2012), 64.
4. 4. *Ibíd.*, 96-101.

CONCLUSIÓN

1. William Carus, *Memoirs of the Life of the Rev. Charles Simeon* (Memorias de la vida del Rev. Charles Simeon) (London: Hatchard and Son, 1847), 24.

ÍNDICE DE LAS ESCRITURAS

HECHOS

1 CORINTIOS

2 CORINTIOS

FILIPENSES

COLOSENSES

1 TESALONICENSES

HEBREOS

SANTIAGO

JUDAS